Martina Kobs-Metzger

**Ayurveda –
leicht und schnell**

Martina Kobs-Metzger

Ayurveda – leicht und schnell

Dieses Buch widme ich meinem Mann Alexander Kobs, meinen Lehrern Kerstin Rosenberg, geschäftsführende Gesellschafterin des Mahindra-Instituts, Dr. Shive Narain Gupta, Professor am J. S. Ayurveda College in Gujarat / Indien und Leiter des P. D. Patel Ayurveda Hospital und Dr. Sujata Paranjapé, Ärztin aus Poona / Indien und all den Teilnehmerinnen und Teilnehmer meiner Kochkurse, die geduldig und mit viel Lob und Begeisterung meine Rezepte getestet und probiert haben. Herzlichen Dank!
Danke auch an meinen Vater Eugen, meine Schwester Andrea und ihren Lebenspartner Michael sowie meine Nichte Charlotte.

Ayurveda – leicht und schnell erhebt nicht den Anspruch eines Heilbuches, das konkrete Diätvorschläge zum Ausgleich bestimmter Beschwerden und Krankheiten anbietet. Die Informationen dieses Buches können die Diagnose und Hilfe eines Arztes bzw. Heilpraktikers nicht ersetzen.

Inhalt

Die Ayurveda-Küche – »cuisine vitale« ... 7
Mein Weg zum Ayurveda ... 8
Grundlagen des Ayurveda ... 9
Ayurvedische Mahlzeiten ... 27

Grundrezepte ... 29
Hinweise zu den Rezepten ... 36
Suppen ... 37
Chutneys ... 45
Salate ... 63
Getreidegerichte ... 73
Gemüsegerichte ... 85
Hülsenfrüchtegerichte ... 109
Desserts ... 119
Fladenbrote und Brotaufstriche ... 135

Warenkunde ... 143
Literatur ... 150
Adressen ... 152
Die Autorin ... 154
Rezeptindex ... 155

Die Ayurveda-Küche – »cuisine vitale«

Viele Menschen haben Ayurveda, das »Wissen vom Leben«, in den letzten Jahren vor allem durch Wellnessangebote und Massagen kennen gelernt. Immer mehr wird aber auch die Ernährungsweise des Ayurveda bekannter und beliebter – mit gutem Grund.

Unterschiedliche Geschmacksrichtungen wirken ausgleichend und wohltuend auf Leib und Seele und geben dem Essen gleichzeitig den besonderen »Pfiff«. Gekonntes Würzen und die richtige Zusammenstellung der Nahrung machen die Küche des Ayurveda zu einer wahren »cuisine vitale«. Wer die Kenntnisse des Ayurveda in seinen Alltag integriert und täglich nach diesen Prinzipien kocht, trägt viel zur Erhaltung und Förderung seiner Gesundheit bei. Dieses Wissen möchte ich gerne an jene Menschen weitergeben, die bereit und motiviert sind, ihre Ernährungs- und Lebensgewohnheiten zu überdenken und zu verändern. Deshalb habe ich für Sie Rezepte aus meiner Ayurveda-Küche zusammengestellt und lade Sie zu persönlichen Erfahrungen ein. Die einzelnen Gerichte sind leicht nachzukochen, einfach zu verstehen und deshalb ideal für Kochanfänger. Außerdem sind die Rezepte schnell zuzubereiten. Denn nur zu gut kenne ich den chronischen Zeitmangel vieler Berufstätiger.

Täglich frisch zubereitete Nahrung liefert die Vitalstoffe, die der Körper so dringend benötigt, um gesund zu bleiben. In der jahrtausendealten, ayurvedischen Tradition gilt der Qualität der verwendeten Ware ein Hauptaugenmerk und damit ist sie sehr zeitgemäß. Nur beste und frischeste Ware wird für die Zubereitung der Speisen verwendet – bevorzugt Gemüse und Obst aus kontrolliert biologischem Anbau.

Ein weiteres Anliegen der ayurvedischen Ernährung ist die Verdaulichkeit der Speisen. Der Speiseplan wird individuell nach dem Konstitutionstyp zusammengestellt. Der Konstitutionstyp ergibt sich aus dem Verhältnis der Doshas *(Vata, Pitta, Kapha)* zueinander. Doshas sind Bioenergien und regeln Abläufe im Körper.

Die Konstitutionstypen werden in diesem Buch näher erläutert. Ein kurzer Test hilft Ihnen, Ihren Konstitutionstyp zu bestimmen. Wenn Sie Ihren Typ herausgefunden haben, können Sie die Rezepte entsprechend auswählen. Bei den Rezepten werden kurz die Wirkungen auf den Körper und die Eignung für den jeweiligen Konstitutionstyp beschrieben.

Mein Weg zum Ayurveda

Es begann alles Anfang 1996 mit einer vierwöchigen Pancha-Karma-Kur (Reinigungskur) in Indien. Hauptsächlich aus Neugierde und ohne mir bekannte Krankheiten wollte ich Ayurveda kennen lernen und mich so richtig verwöhnen lassen. Beschwerden und kleine Zipperlein hatte ich schon lange als »normal« hingenommen.

Im Kurort angekommen, sollte ich mich für ein paar Tage akklimatisieren. Eine lange Reise ist für den Körper immer anstrengend. Auch die Seele braucht ihre Zeit, um »nachzukommen«. Für den westlichen Geist, der auf Schnelligkeit, Funktionieren und Leistung ausgerichtet ist, eine ungewöhnliche Betrachtungsweise. So erkundete ich in den ersten Tagen die Umgebung und lernte einige der bereits anwesenden Gäste kennen.

Dann startete die Pancha-Karma-Kur mit einem wohlschmeckenden Diätessen, um den Körper auf die folgende vierwöchige Entschlackungsperiode umzustellen. Die indischen Fladenbrote (Chapati) habe ich besonders geliebt. Zum Glück bekam ich so viel zu essen, wie ich verlangte, denn mein Hunger wuchs im Verlauf der Kur, und gleichzeitig verlor ich an Gewicht. Anderen Patienten wurden zusätzliche Chapati oder Extraportionen je nach Konstitutionstyp auch mal verwehrt.

Zwei Tage später begannen die unterschiedlichsten Anwendungen, wie Schwitzbehandlungen und Ölmassagen, Abführen, Ghee trinken und verschiedenste Öleinläufe. Mit der Zeit stellte ich fest, dass meine Beschwerden, die ich bereits als Normalzustand akzeptiert hatte, nach und nach verschwanden. Ich erfreute mich eines sehr guten Appetites, einer regelmäßigen Verdauung und einem wohligen Gefühl von Entspannung und innerer Ruhe.

Nach Hause zurückgekehrt, beschloss ich, die ayurvedische Ernährung- und Lebensweise in meinen Alltag zu integrieren. Ich absolvierte eine Ausbildung zur Ayurveda-Ernährungs- und Gesundheitsberaterin und habe Schritt für Schritt meine Ernährung und Lebensweise in meinen Alltag integriert. Später folgten einige Fortbildungen und auch Praktika in Pennsylvania (USA). Heute bin ich begeisterte Köchin und Ayurveda-Autorin, biete Kochseminare, Fortbildungen für Köche und Einzelgespräche an, verwöhne meine Kunden gerne mit leckeren Gerichten oder Büfetts und habe wesentlich mehr Energie zur Verfügung als in der Vergangenheit.

Grundlagen des Ayurveda

Wissen vom Leben

Ayurveda, »das Wissen vom Leben«, stammt aus Indien und existiert bereits seit mehreren Jahrtausenden. Früher sind die Kenntnisse vom Leben mündlich überliefert worden und erst später in Schriften, den so genannten »Veden« festgehalten worden. So setzt sich der Begriff Ayurveda aus den Worten »Ayouh« (Leben) und »Veda« (Wissen) zusammen.

Diese Lehre vertritt eine ganzheitliche Weltanschauung – der Mensch ist eine Einheit aus Körper, Geist und Seele und steht als Individuum im Mittelpunkt. Sowohl Therapie als auch Ernährung und Lebensweise werden auf den Einzelnen abgestimmt.

Sie finden viele Empfehlungen zu Ernährung, Tagesroutine und Körperpflege, Anwendung von Kräutern und Mineralien, Massage, Körper- und Atemübungen, Musik- und Aromatherapie, Reinigungskuren, Techniken zur Stressbewältigung, Nahrungsergänzungen auf Kräuterbasis, Astrologie und einiges mehr.

Ziel des Ayurveda ist, eine bessere Lebensqualität und ein längeres Leben zu erreichen. Die individuelle Gesundheitsgestaltung und ganzheitliche Weltanschauung sind dabei maßgebend. Was nützt uns beispielsweise die gesündeste Ernährung, wenn wir sie gar nicht verdauen können? Kohl verträgt nicht jeder, obwohl er »gesund ist«. Manche Menschen reagieren mit Beschwerden. Auch Vollkornbrot oder Rohkost ist nicht für jeden geeignet.

Der Ayurveda kennt die verschiedenen Wirkungen der Nahrung auf den Menschen und hat ein System entwickelt, Menschen mit ähnlichen Eigenschaften in Typen einzuteilen und so gezielt Empfehlungen auszusprechen. Für jeden dieser Typen – Konstitutionstypen genannt – gibt es verträgliche und unverträgliche Nahrungsmittel und Lebensweisen. Erlaubt ist, was dem Einzelnen zur Gesundheitsförderung dient und das sieht für jeden anders aus. So besteht die Aufgabe der Ayurveda-Berater oder -Ärzte darin, den individuellen Konstitutionstyp festzustellen und Nahrungsmittel, Lebensgewohnheiten, Essverhalten und Therapie entsprechend dem Typ zu empfehlen.

Oft werde ich gefragt, was ich vom Fasten oder von bestimmten Nahrungsmitteln halte. Meine Antwort klingt stets gleich: »Das hängt von Ihrem Konstitutionstyp und dem Verhältnis Ihrer Doshas im Körper ab. Was der eine darf, bringt dem anderen Nachteile.«

Die 5 Elemente

Die Basis des ayurvedischen Wissens bilden die fünf Elemente Äther, Luft, Feuer, Wasser und Erde. Jedem der Elemente werden bestimmte Eigenschaften (20 Eigenschaften werden unterschieden) und Wirkungen zugeordnet. Nach Auffassung der Ayurveden besteht alles im Universum aus den fünf Elementen. Und so sind wir und unsere Nahrung Mischungsverhältnisse dieser Elemente.

Hierzu zwei praktische Beispiele: Schauen Sie sich eine Paprikaschote einmal auf ihre Eigenschaften hin an, dann können Sie alle fünf Elemente in ihr erkennen.

- In der Mitte hat sie einen großen Hohlraum, sie ist somit *leer* und *formlos*. Beide Eigenschaften finden Sie beim **Ätherelement.**
- Außerdem ist sie *leicht* und *kalt*, dies sind **Lufteigenschaften**.
- Die Farbe der Paprika ist oft sehr *leuchtend*, eine Eigenschaft des **Feuerelements.**
- Das **Erd-** und das **Wasserelement** befindet sich vor allem in der Haut und dem dünnen Fruchtfleisch. Außen ist die Paprika *feucht, fest, dicht* und *glatt*.

Da die Leichtigkeit und die Leere im Verhältnis zu den festen Teilen der Paprika überwiegen, enthält die Frucht sehr viel mehr Äther- und Luftanteile als Erdanteile. Diese Kenntnisse können wir in der Ernährung nutzen. Wenn wir Paprika zu uns nehmen, erhöhen wir mehr die Äther- und Luftelemente als das Erdelement in unserem Körper. Die Leichtigkeit im Körper nimmt zu und die Schwere nimmt ab.

Einen Gegensatz dazu bildet der Kürbis. Ein Kürbis hat viel mehr **Erd-** und **Feuerelemente** als **Äther-** und **Luftanteile**. Er ist *schwer, hart, fest, dicht, kalt*, die Farbe ist *leuchtend* und in gekochtem Zustand wird er *weich*. Erst im Innern wird er formloser, wenn Sie das faserige Fleisch mit seinen Kernen betrachten. Mit dem Kürbis erhöhen wir Schwere und Stabilität im Körper und schwächen die Leichtigkeit.

Obwohl in einem Nahrungsmittel einzelne Elemente stark hervortreten, so sind doch immer alle fünf Elemente vorhanden.

Grundlagen des Ayurveda

Element	Prinzip	Eigenschaften	Wirkungen
Äther	Raum	leer, subtil, hell, alles durchdringend und umfassend, reglos, formlos, universell	Macht den Körper porös, weich und leicht.
Luft	Bewegung, Transport	beweglich, leicht, kalt, rau, fein, trocken, durchdringend	Macht den Körper trocken, leicht, nicht klebend und verstärkt alle Arten von Bewegung.
Feuer	Umwandlung	heiß, fein, leicht, nicht schleimig, trocken, durchdringend, klar, nach oben steigend	Erhält die Körperwärme, versorgt einzelne Körperteile, verleiht dem Körper Schönheit und der Haut Glanz.
Wasser	Verbindung	flüssig, ölig, kalt, langsam, schleimig, weich, feucht, träge fließend	Macht den Körper klebrig, feucht, dicht, wirkt aufbauend, bindend, erweicht das Gewebe, bringt flüssige Bestandteile zum Fließen.
Erde	Festigkeit	schwer, langsam, stabil, schwer, nicht schleimig, fest, unterstützt das Wachstum, grob, dicht hart, träge, unbeweglich	Macht den Körper stark, kompakt, fest, hart und stabil.

Die 5 Elemente und ihre Wirkungen

Rasa – die 6 Geschmacksrichtungen

Weitere wichtige Grundlagen der Küche des Ayurveda sind die sechs Geschmacksrichtungen *(Rasa)*. Ebenso wie die Eigenschaften der Nahrungsmittel haben auch die Geschmacksrichtungen eine Wirkung auf unseren Körper. Deshalb empfiehlt der Ayurveda, mindestens einmal täglich alle sechs Geschmacksrichtungen (süß, sauer, salzig, bitter, scharf und zusammenziehend) zu sich zu nehmen, um den Körper in der Balance zu halten. Bitter erhöht z. B. unser Luft- und Ätherelement und damit unser Vata-Dosha.

Geschmacksrichtung (Rasa)	Elemente	Dosha	Eigenschaften	Lebensmittel
süß	Erde, Wasser	Kapha	kühl, feucht, schwer	süßes Obst, Milch, Getreide, Kartoffeln, Butter, Sahne, gegarte Zwiebeln
sauer	Feuer, Erde	Kapha, Pitta	heiß, nass, schwer	Zitrusfrüchte, saures Obst, Essig, Kefir, Rhabarber, Joghurt, Sauerkraut
salzig	Feuer, Wasser	Kapha, Pitta	erwärmend, feucht, schwer	Salz, Miso, Sojasauce
scharf	Feuer, Luft	Pitta, Vata	heiß, leicht, trocken	Pfeffer, Chili, Knoblauch, rohe Zwiebeln, Senf, Peperoni, Rettich, Meerrettich, Kresse
bitter	Äther, Luft	Vata	kalt, leicht, trocken	Artischocken, Kräuter, Chicoree, Salate, Löwenzahn, Bockshornklee
zusammenziehend	Erde, Luft	Kapha, Vata	kühl, leicht, trocken	Gewürze, Kräuter, Heidelbeeren, schwarzer Tee, herber Rotwein, Quitten, Honig, Granatäpfel, unreife Bananen, Mangold, Spinat

Virya – die Wirkung des Geschmacks im Verdauungstrakt

Mit *Virya* wird die Energie oder Wirkkraft des Geschmacks im Verdauungstrakt bezeichnet. Hier unterscheidet man die Temperaturangaben erhitzend oder kühlend. Wahrnehmen können wir *Virya* durch die direkte Wirkung auf den Körper, aber auch durch Schlussfolgerungen.

Bei scharfen Speisen reagieren manche Typen beispielsweise mit einem sofortigen Schweißausbruch oder Brennen, bei anderen wirkt scharf erst längerfristig den Körper erwärmend. Süß oder bitter hingegen wird als kühlend empfunden. Generell gilt:
- Nahrungsmittel mit wärmendem *Virya* regen die Verdauung an. Das sind die Geschmacksrichtungen scharf, sauer und salzig.
- Nahrungsmittel mit kühlendem *Virya* verlangsamen die Verdauung. Hierzu zählen süß, bitter und zusammenziehend.

Virya ist besonders bei der Einteilung der Wirkung von Heilkräutern wichtig.
Jede Regel hat ihre Ausnahmen. Zum Beispiel haben rohe Zwiebeln einen scharfen Geschmack und müssten nach der Regel ein wärmendes *Virya* haben. Sie haben jedoch ein kühlendes *Virya* – ein Grund, warum sie bei Vata-Typen oft zu Bauchschmerzen führen.

Vipaka – die Wirkung des Geschmacks nach der Verdauung

Die sechs Geschmacksrichtungen (Rasa) sind auf der Zunge sofort wahrnehmbar. *Vipaka* hingegen beschreibt die längerfristigen Wirkungen einer Geschmacksrichtung, nachdem die Nahrung komplett verstoffwechselt wurde. *Vipaka* wird durch Beobachtung und die wahrgenommenen Auswirkungen auf unseren Körper erfahrbar.

Nehmen wir den süßen Geschmack als Beispiel. Stellen Sie sich vor, Sie essen über einen langen Zeitraum nur Süßes, dann hat das folgende Auswirkungen: Sie fühlen sich schwer, ermüden schnell, sind antriebslos, Ihre Verdauung verlangsamt sich und Sie nehmen an Gewicht zu.

Um dies zu verhindern und einen Ausgleich zu schaffen, ist es für eine ausgewogene Ernährung wichtig, auch alle anderen Geschmacksrichtungen zu sich zu nehmen. So kann niemals nur eine Auswirkung – nämlich in unserem Beispiel das Vipaka des Süßen – überbetont werden. Vipaka tritt verzögert ein und kann sich längerfristig in Form von Wohlfühlen oder aber Unwohlsein zeigen.

Aus den sechs Geschmacksrichtungen (Rasa) ergeben sich drei Formen von Vipaka: süß, sauer und scharf.

Rasa – Geschmack auf der Zunge	Vipaka – Geschmack nach der Verdauung	Nahrungsmittel
süß	süß	Ahornsirup, Ghee, Milch, Sahne, Gemüse, Bohnen
sauer	sauer	Buttermilch, Eiscreme, Joghurt, Hüttenkäse, Limone, Kefir, grüne Weintrauben
salzig	süß	Salz, Miso
scharf	scharf	Chili, Knoblauch, Käse, Rettich, Rauke, Senf, Lauch
bitter	scharf	Blumenkohl, Brokkoli, Bockshornklee, Sellerie, Paprikaschoten
zusammenziehend	scharf	Mangold, Spinat, Okra, Rhabarber, Pickles

Die 3 Doshas

Doshas sind Bioenergien und regeln Abläufe im Körper. Ähnliche Eigenschaften werden unter einem Dosha zusammengefasst. Insgesamt unterscheidet der Ayurveda drei Doshas: Vata, Pitta, Kapha.

Gebildet werden die Doshas durch die fünf Elemente:
- Äther und Luft bilden das *Vata-Dosha*.
- Feuer und wenig Wasser bilden das *Pitta-Dosha*.
- Wasser und Erde bilden das *Kapha-Dosha*.

Vata, das Bewegungsprinzip im Körper, steuert Herz, Kreislauf, das zentrale Nervensystem und die beiden anderen Doshas. Vata hat eine den Körper abbauende Tendenz und ist das feinstofflichste Dosha.

Pitta ist für unseren Stoffwechsel zuständig und regelt z. B. unser Hunger- und Durstgefühl und unsere Körpertemperatur. Von seiner Stofflichkeit ist *Pitta* das mittlere Dosha.

Kapha ist für die Bildung unseres Skeletts verantwortlich und für unsere Körperflüssigkeiten. Die Kraft dieses Doshas erhält unseren Körper, baut ihn auf und ist für sein Wachstum zuständig.

Das Mischungsverhältnis der Doshas im Körper bestimmt den Konstitutionstyp eines Menschen und trifft auch Aussagen über seinen momentanen gesundheitlichen Zustand. Insgesamt gibt es zehn Konstitutionstypen, drei reine Konstitutionstypen und sieben Mischtypen:

- Vata, Pitta und Kapha
- Vata-Pitta oder Pitta-Vata
- Pitta-Kapha oder Kapha-Pitta
- Vata-Kapha oder Kapha-Vata
- Vata-Pitta-Kapha (Tridosha)
  Das momentan vorherrschende Dosha wird immer zuerst genannt.

Obwohl der Ayurveda zehn Grundtypen unterscheidet, so ist doch jeder wieder individuell zu sehen. Kein Vata-Pitta ist mit einem anderen Vata-Pitta-Typ zu vergleichen. Zwar bestehen Ähnlichkeiten, doch jeder ist ein Unikat und einzigartig. Deshalb müssen die Reaktionen auf die Nahrung individuell noch einmal überprüft werden.

Die Nahrung, die Sie aufnehmen, sollte Ihren Konstitutionstyp ausgleichen und Ihr Wohlgefühl steigern. Ebenso ist die Lebensweise bedeutend, sie sollte auf den jeweiligen Konstitutionstyp abgestimmt werden. In einem gesunden Körper sind alle fünf Elemente im Gleichgewicht und bilden das individuelle Verhältnis ihrer Doshas und damit der Konstitution. Anzustreben ist, das Gleichgewicht der Doshas zu erhalten. Ausgleichen können wir ein vermehrtes oder verringertes Dosha über unsere Nahrung, Lebens- und Denkweise. Je länger eine Doshastörung anhält, desto länger dauert es natürlich, sein normales Gleichgewicht wiederherzustellen. Eine für unseren Typ unzuträgliche Gewohnheit, die wir jahrelang ausgeübt haben, lässt sich nicht sofort wegradieren. Je früher Sie beginnen, vorzusorgen und gute Gewohnheiten zu entwickeln, desto besser.

Ayurveda-Ernährungsberater und -therapeuten sind sehr gut über Ernährung und Lebensweise der einzelnen Konstitutionstypen informiert, so dass sie entsprechende Empfehlungen geben und Ihnen den Einstieg erleichtern können.

Ansonsten ist der Ayurveda ein System, das uns Selbstbeobachtung lehrt. Immer genauer nehmen wir wahr, was uns gut tut und was unzuträglich für uns ist. Und so können wir lernen, bestimmte Gegebenheiten in unserem Körper auszugleichen und uns selbst Gutes tun.

Die Vata-Konstitution

Vata ist das Dosha der Bewegung. Seine Elemente sind Äther und Luft. So finden wir die Eigenschaften von Äther und Luft beim Vata-Dosha wieder: fein, leicht, subtil, zerstreuend, trocken, kalt, rau, schnell, antreibend, wenig nahrhaft, nicht schleimig und nicht klebrig.

Vata steuert alle Aktivitäten im Körper mental und auch physisch. Vata ist verantwortlich für den Blutkreislauf, die Atmung, die Ausscheidung, die Sprache, die Empfindungsfähigkeit, den Tastsinn, das Gehör oder auch für unsere Gefühle.

Ist *Vata* im Gleichgewicht, finden wir Kreativität, Flexibilität, Leichtigkeit, Glück und Freude. Im Ungleichgewicht treten Furcht, Nervosität, Angst und Zittern auf.

Menschen mit vorherrschender *Vata*-Konstitution sind körperlich und / oder geistig sehr aktiv. Sie sind wach, flexibel, kreativ und künstlerisch veranlagt. Sie handeln, bevor sie denken. *Vata* bringt Schwung und kann Projekte vorantreiben. Allerdings hat *Vata* die Tendenz, den Körper abzubauen, Alterungsprozesse beginnen früher als bei anderen Typen. Deshalb zeigt sich bei *Vata*-dominierten Menschen eine geringe körperliche Stabilität und mangelnde Ausdauer. Wer eine *Vata*-Konstitution hat, verliert sehr schnell an Substanz.

Generell ist ein *Vata*-Typ entweder groß und hager oder klein und dünn. Er hat schmale kleine Schultern, seine Arme und Beine sind dünn und unruhig, seine Hände sind rau und trocken, seine Gelenke stehen heraus und seine Adern treten hervor.

Häufig sind *Vata*-Menschen ängstlich und unruhig veranlagt, sie neigen zu Unzuverlässigkeit und Ungeduld, sind leicht gereizt und schnell nervös und besorgt. Außerdem verträgt ein *Vata*-Typ Kälte sehr schlecht und fröstelt leicht.

Welche äußeren Einflüsse lassen *Vata* nun ansteigen? Kalter Wind, Fasten, übermäßig körperliche Bewegung, Kälte und langes Aufbleiben treibt unser *Vata* in die Höhe. Im Alter, am Abend und im letzten Teil der Nacht ist *Vata* ebenfalls hoch. Durch den Genuss überreifer, trockener vorgekochter Nahrung und stopfender Substanzen verschlimmern sich die Symptome. Das Essen von scharfen, zusammenziehenden, bitteren, trockenen, leichten oder kalten Speisen, unregelmäßige Mahlzeiten sowie essen, wenn die vorangegangene Mahlzeit noch nicht verdaut ist, erhöhen *Vata*. Das sind einige von vielen Möglichkeiten.

Jahreszeitlich gesehen, bringen besonders der Herbst und der Winter *Vata*-Störungen zum Vorschein.

Ausgleichen können wir *Vata* durch warmes, regelmäßiges Essen mit wärmenden Gewürzen, die vor allem süß, sauer und salzig schmecken. Kalte Speisen, kalte Getränke, extreme Kälte und Eis sollten vermieden werden. Ebenso rohe, kalte Nahrungsmittel und Kohlgewächse, da diese zur Verdauung mehr Energie benötigen.

Stattdessen ist ein Essen mit ausreichender Flüssigkeit in Form von Suppen, heißen Getränken und Reis mit etwas Öl oder Butter vorzuziehen. Obwohl Hülsenfrüchte schwer zu verdauen sind, können manche Hülsenfrüchte von *Vata*-Menschen vertragen werden, wie zum Beispiel Linsen oder halbierte Mungbohnen. Milchprodukte, vor allem warm getrunkene, wirken sehr beruhigend auf *Vata*.

Weitere wichtige Faktoren, um *Vata* auszugleichen, sind Ordnung und Stabilität ins Leben bringen und in einer sicheren, ruhigen und geborgenen Umgebung zu leben. Ruhe, Entspannung und Schlaf ist für *Vata* besonders zu empfehlen, kann er doch so seine Nervosität und Neigung sich zu verkrampfen harmonisieren.

Die Pitta-Konstitution

Die Eigenschaften von *Pitta* sind heiß, schleimig, fettig/ölig, feucht, hell, beweglich, sich gut verteilend und flüssig. Seine Geschmacksrichtungen sind scharf, sauer und salzig. Deshalb sollte ein Mensch mit *Pitta*-Konstitution diese Geschmacksrichtungen vorsichtig dosieren und bei bekannten *Pitta*-Beschwerden sogar zeitweise meiden.

Pitta ist verantwortlich für unseren Stoffwechsel, den Wärmehaushalt, regelt unseren Hunger und Durst und nährt das Verdauungsfeuer. Wenn unser *Pitta* im Gleichgewicht ist, können wir uns gut konzentrieren, klar sprechen, sind mutig und stark, haben eine gute Verdauung, eine lebendige Ausstrahlung und sind herzlich.

Im Ungleichgewicht sind wir fordernd, tendieren zu Ärger, müssen viel trinken, neigen dazu, uns zu verletzen, die Haare ergrauen früh oder fallen aus und die Haut ist irritiert.

Personen mit viel *Pitta* sind sehr entschlusskräftig, haben eine starke Energie und einen starken Willen. Meistens ist auch ihre Verdauung sehr gut, denn *Pitta* ist das Dosha der Hitze. Besonders ausgeprägt ist *Pitta* in der Lebensmitte, in der Pubertät, zur Mittagszeit und im Sommer.

Wärme verträgt ein *Pitta*-Typ nicht sehr gut, er schwitzt sehr schnell. Deshalb liebt er Kühle. Ein gut entwickeltes *Pitta* lässt einen Menschen strahlend, leuchtend und glänzend aussehen. *Pitta*-Menschen haben einen mittelmäßig stark ausgeprägten Körperbau. Ihre Hände und Füße sind warm, feucht und weich, die Gelenke sind locker und gut zu bewegen. Seinen Sitz hat *Pitta* hauptsächlich im unteren Bereich des Magens und im Dünndarm. Hat ein Mensch zu viel *Pitta*, dann hat er ein heißes Gesicht, empfindliche Organe, eine glänzende Haut und eine Tendenz zu Leberflecken, Sommersprossen und Pickeln.

Auffällig ist das Ess- und Trinkverhalten eines *Pitta*. Sie essen und trinken außergewöhnlich viel und oft. Sie bekommen früh Falten, ihr Haar wird schnell grau und fällt aus. Außerdem neigen sie zu Körper- und Mundgeruch. Auf der psychischen Ebene lässt zu viel *Pitta* häufig ein Gefühl der Unzufriedenheit entstehen, die Stimmungen wechseln schnell, wir sind schnell verärgert, wütend, frustriert oder aber eifersüchtig veranlagt. Deswegen sollten *Pitta*-Typen lernen mit seinen Gefühlen umzugehen und diese auszudrücken, statt sie zu unterdrücken und zu verdrängen.

Ausgleichend für dieses Dosha sind süße, bittere, zusammenziehende und kühlende Speisen. Auch Milch, Basmatireis, Weizen und Gerste sind gut, um

Pitta zu reduzieren. Unter den Gewürzen können *Pitta*typen sehr gut Zimt, Kardamom, Kurkuma, kleine Mengen von schwarzem Pfeffer, Salz und / oder süßsauren Zwiebeln vertragen. Knoblauch und Scharfes sollten dagegen vermieden und nur gelegentlich verwendet werden. Außerdem sollte *Pitta* sehr fette und schwere Kost meiden und stattdessen lieber frisches Obst und Gemüse bevorzugen. Ausgezeichnet sind die meisten Bohnen mit kühlendem, schwerem Charakter und süßlich-adstringierendem Geschmack. Linsen hingegen werden von einem *Pitta* wegen deren wärmenden Eigenschaft schlechter vertragen.

Bei den Geschmacksrichtungen werden dem *Pitta*-Typ vor allem der bittere Geschmack empfohlen, der in der Brunnenkresse, Löwenzahn, Chicorée und dunkelgrünen Salaten vorkommt. Aber auch der süße und adstringierende Geschmack ist für *Pitta* verträglich.

Wohltuend für *Pitta* ist, ausreichend Sport zu treiben und sich viel in frischer Luft aufzuhalten.

Die Kapha-Konstitution

Kapha entstammt den Elementen Wasser und Erde. So sind die Eigenschaften von *Kapha* schleimig, weich, ölig, fest, träge, schwer, kalt, unbeweglich und starr. Die Geschmacksrichtungen, die sich auf *Kapha* auswirken, sind süß, sauer und salzig.

Das *Kapha*-Dosha ist vor allem für den Körperbau zuständig und steuert zudem den Fetthaushalt und die Bindekräfte. *Kapha* hat seinen Sitz im Körper vor allem im oberen Bereich des Körpers wie Brustkorb, Hals und Kopf, in den Gelenken, im oberen Teil des Magens, im Blutplasma und in der Zunge.

Ist *Kapha* im Gleichgewicht, dann sind wir liebevoll, mitfühlend, entspannt, ruhig, haben ein gutes Gedächtnis, sind stabil, geduldig, schön, selbstkontrolliert, vergebend, pflichtbewusst, aufrichtig, konstant in Beziehungen und haben ein gutes Immunsystem.

Im Ungleichgewicht neigen *Kapha*-Typen zu Gleichgültigkeit, Dumpfheit, fettiger Haut, Allergien, langsamer Verdauung, Übergewicht, Lethargie und sie sind besitzergreifend.

Menschen mit viel *Kapha* haben einen kompakten, stabilen Körper und gut ausgebildete Organe. Der Körperbau ist mit einer guten Menge an Fettpölsterchen gesegnet. Sie sehen kräftig, schwer und gedrungen aus, haben eine helle Hautfarbe, das Gesicht ist ölig und breit und die Lippen sind ölig, feucht, fest und glatt. *Kaphas* haben auch noch im hohen Alter eine sehr gute Haut mit wenig Falten.

Durch ihre Schwere wirken *Kapha*-Typen häufig phlegmatisch. Sie denken, bevor sie handeln. Sie lieben ihre Gewohnheiten und deshalb fallen ihnen Veränderungen schwer. Auf der anderen Seite bewegen sie sich sicher und sie besitzen fest verbundene starke Bänder. Sie sind mit einem guten Durchhaltevermögen und guter Ausdauer gesegnet. Trotz ihres starken Körpers und ihrer großen Vitalität treiben sie ungern Sport. Sie bewegen sich nicht gern. Sie sitzen lieber, essen gerne und tun gerne nichts. Wenn sie gehen, bewegen sie sich langsam. *Kaphas* sind in jeder Hinsicht gemächlich und ruhig. Auch brauchen sie länger, um etwas zu verstehen. Dafür haben sie ein gutes Langzeitgedächtnis.

Kapha ist wie Vata von kalter Natur. *Kapha*-Typen haben einen gesegneten Appetit und Durst, aber eine langsame Verdauung. *Kapha* kann sehr gut eine Mahlzeit ausfallen lassen und arbeiten, ohne zu essen. Sie erfreuen sich eines langen Lebens, da sie weniger schnell ausbrennen und sich erschöpfen als die beiden anderen Dosha-Typen. Ihre Schweißabsonderung ist ebenfalls gering. *Kapha* verleiht den Menschen klare Augen, ein klares Gesicht und einen klaren Teint.

Kapha erhöht sich durch schwere, ölige, fette Kost und durch süße, salzige und saure Nahrung. Langes und häufiges Sitzen, wenig Bewegung und Tagträumerei fördern ebenso *Kapha*. Von den biologischen Zeiten finden wir viel *Kapha* im Kindesalter, am Morgen, im Frühling und in der frühen Nacht.

Wenn wir zu viel *Kapha* haben, sind wir schläfrig veranlagt, haben einen süßen Geschmack im Mund, ein Gefühl von Kälte und Schwere in uns, wir fühlen uns geistig und körperlich abgespannt, schlaff und niedergedrückt. Wir neigen zu Gewichtszunahme, Wasseransammlungen, Erkältungskrankheiten. Dann empfiehlt sich, durch Bewegung und bittere, scharfe, zusammenziehende Nahrung sowie leichte Kost *Kapha* zu reduzieren, um wieder ein Gleichgewicht herzustellen.

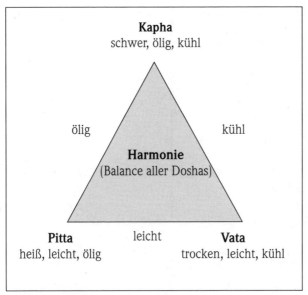

Die drei Doshas

Das Gleichgewicht der Doshas

Besonders wichtig ist, dass die Doshas in unserem individuellen Gleichgewicht vorhanden sind, damit wir uns wohlfühlen
Vorkommende Störungen der Doshas zeigen sich immer in einem Zuviel bzw. einem Zuwenig und wir fühlen uns unwohl. Davon können alle Ebenen der Geist-Seele-Körper-Verbindung betroffen sein und Auswirkungen zeigen.
Unsere Nahrung und unsere Lebensweise können helfen, Disharmonien auszugleichen. Gleiche Eigenschaften verstärken sich und gegenteilige schwächen sich. Insgesamt kennt der Ayurveda zwanzig verschiedene Eigenschaften mit Wirkungen auf den Körper und die Doshas, die Sie folgender Tabelle entnehmen können. Gegensätzliche Eigenschaften sind in dieser Tabelle gegenübergestellt. Zu jeder Eigenschaft sind die Elemente und das Dosha aufgeführt, in der wir die Eigenschaft finden.

Möchte man beispielsweise zu viel Grobstoffliches ausgleichen, sollte vermehrt »Feines« durch die Nahrung aufgenommen werden, beispielsweise aromatische Gewürze.

Eigenschaft	Elemente	Dosha	Dosha	Elemente	Eigenschaft
weich	Äther, Wasser	Vata, Kapha	Kapha	Erde	hart
leicht	Luft, Feuer	Vata, Pitta	Kapha	Erde, Wasser	schwer
fein, feinstofflich	Äther, Luft, Feuer	Vata, Pitta	Kapha	Erde	grob, grobstofflich
glatt	Wasser, Erde	Kapha	Vata	Luft	rau
beweglich	Luft	Vata	Kapha	Erde	stabil
kalt	Luft, Wasser	Vata, Kapha	Pitta	Feuer	heiß
trocken	Luft, Feuer	Vata, Pitta	Pitta, Kapha	Wasser	ölig
nicht schleimig, klar	Feuer, Luft	Pitta, Vata	Kapha	Wasser	schleimig
flüssig	Wasser	Kapha	Kapha	Erde	fest
stumpf, langsam	Wasser, Erde	Kapha	Pitta	Feuer	scharf, schnell

Die Eigenschaften der Nahrungsmittel und die Eigenschaften der sechs Geschmacksrichtungen haben Wirkung auf die Doshas und damit auf den Körper. Beides zu berücksichtigen ist wichtig bei der Zubereitung und bei der harmonischen Zusammenstellung eines ayurvedischen Essens.

Test: Finden Sie Ihren Konstitutionstyp

Kreuzen Sie möglichst schnell ohne lange nachzudenken die Eigenschaften an, die am ehesten auf Sie zutreffen. Danach zählen Sie die Punkte für Vata zusammen und machen das Gleiche für Pitta und Kapha. Die höchste Punktzahl bestimmt ihr vorherrschendes Dosha.

Haben Sie bei zwei Doshas gleich viel oder eine ähnlich hohe Punktzahl, dann sind Sie ein so genannter Mischtyp, z. B. Vata-Kapha.

Um eine Balance des Types zu erreichen, empfiehlt sich bei einem Vata-Kapha eine leicht Pitta-erhöhende Ernährungs- und Lebensweise. Beachten Sie dabei wie bei allem das richtige Maß. Einige fallen von einem Extrem ins nächste. Das ist nicht Sinn der Sache. Ein gesundes Mittelmaß sollte angestrebt werden.

Sind Sie sich unsicher, welchem Konstitutionstyp Sie entsprechen oder ziehen eine fachkundige Beratung einer Selbstanalyse vor? Dann empfehle ich Ihnen, eine Ayurveda-Ernährungsberatung, einen Ayurvedatherapeuten oder -arzt Ihres Vertrauens in Ihrer Umgebung auf zu suchen. Adressen finden Sie im Internet auf dem *Ayurveda-Portal*, im *Ayurveda-Journal* oder beim *Verband Europäischer Ayurveda-Therapeuten* (siehe dazu Seite 152).

Vata	Pitta	Kapha
○ Groß und hager oder klein und zierlich.	○ Mittlere, wohlproportionierte Erscheinung.	○ Kräftiger Körperbau.
○ Leichter Knochenbau, feingliedrig.	○ Mittelstarker Knochenbau.	○ Schwerer Knochenbau, kräftig.
○ Nimmt schwer zu.	○ Nimmt je nach Wille leicht zu oder ab.	○ Nimmt schnell zu und hat Probleme, wieder abzunehmen.
○ Hat kalte Hände und Füße; schwitzt wenig, Schweiß ist geruchlos.	○ Warme Hände und Füße, gute Durchblutung, schwitzt schnell, Schweiß riecht.	○ Kühle Hände und Füße, schwitzt in Maßen, Schweiß hat süßlichen Geruch.
○ Trockene, dünne, raue, kalte Haut.	○ Fettige, ölige Haut, Tendenz zu Unreinheiten.	○ Dicke, kühle, weiche, glatte, feinporige Haut.

Grundlagen des Ayurveda

Vata	Pitta	Kapha
○ Dunkler Teint, bräunt leicht.	○ Helle Haut, bekommt schnell Sonnenbrand.	○ Bräunt langsam, Haut bleibt länger kühl.
○ Trockene, störrische Haare, splissanfällig.	○ Feine, leicht fettende Haare, mit einem Rotstich oder frühem Ergrauen.	○ Dicke, wellige, leicht fettige Haare.
○ Stimme ist schwach.	○ Stimme klingt scharf.	○ Stimme klingt voll und resonanzreich.
○ Unregelmäßiger Appetit und Durst. Vergisst zu trinken oder zu essen, was ihm nicht gut tut.	○ Großer Appetit und Durst, isst und trinkt häufig. Gereizt, wenn eine Mahlzeit übergangen wird.	○ Wenig, aber regelmäßiger Appetit und Durst. Kann Mahlzeiten ohne körperliche Probleme ausfallen lassen, wenn es sein muss. Isst gerne.
○ Isst gerne Zwischenmahlzeiten und nascht gerne.	○ Isst gerne Eiweiß.	○ Isst gerne fett- und stärkehaltige Nahrung und oft zu viel.
○ Unregelmäßiger Stuhlgang, mit Tendenz zu Trockenheit und Härte.	○ Regelmäßiger Stuhl, weich, ölig und locker.	○ Regelmäßiger Stuhl, wenig, dick und schwer.
○ Unregelmäßige Verdauung, neigt zu Blähungen / Gasbildung.	○ Gute Verdauung.	○ Gute, aber langsame Verdauung.
○ Hat einen leichten Schlaf von 5 bis 6 Stunden.	○ Hat einen guten Schlaf von 6 bis 8 Stunden.	○ Schläft tief und fest, 8 bis 10 Stunden.

Vata	Pitta	Kapha
○ Krankheiten sind nervös- / stressbedingt, scharfer Schmerz oder Verdauungsprobleme.	○ Krankheiten werden häufig von Fieber, Ausschlag, Entzündungen aller Art begleitet.	○ Bei Krankheiten tritt stärkere Schleimbildung auf, Flüssigkeiten werden zurückgehalten.
○ Abneigung gegen Routine, liebt Spontaneität.	○ Mag Routine, wenn er selbst darüber bestimmen kann.	○ Liebt Routine und mag keine Spontaneität
○ Dinge werden schnell erledigt.	○ Bestimmt sein Tempo gerne selbst.	○ Lässt sich gerne Zeit, um Dinge zu erledigen.
○ Bewegt sich gerne bis hin zu Ruhelosigkeit.	○ Liebt Sport, auch Wettkämpfe.	○ Liebt Entspannung und bewegt sich nur, wenn er unbedingt sein muss.
○ Leicht vergesslich. Versteht schnell.	○ Gutes Gedächtnis, je nach Wille schnelles oder langsames Verstehen.	○ Sehr gutes Gedächtnis, kann sich Dinge lange behalten. Versteht nur langsam.
○ Handelt, bevor er denkt.	○ Handelt zielgerichtet.	○ Denkt, bevor er handelt.
○ Sehr kreativ in allen Lebensbereichen.	○ Führt und leitet gerne. Kann zu Kritiksucht und Ungeduld neigen.	○ Organisiert und plant gerne. Ist ruhig und geduldig.
○ Liebt Musik, Poesie, Reisen, Wandern, Tanz und Spiel.	○ Liebt Sport, Jagen und Politik. Diskutiert gerne.	○ Mag gerne Wassersport.
○ Macht sich schnell Sorgen und ist ängstlich.	○ Reagiert oft ärgerlich oder unzufrieden.	○ Versucht schwierigen Situationen aus dem Weg zu gehen.

Ayurvedische Mahlzeiten

Das Frühstück

Ein Frühstück sieht für jeden Dosha-Typ anders aus. Menschen mit viel Kapha können sogar ohne Probleme auf ein Frühstück verzichten und bis zum Mittagessen vital und konzentriert bleiben. Für diesen Typ empfiehlt sich ein sehr leichtes Frühstück mit Reiswaffel, Knäckebrot und etwas Frischkäse oder etwas Butter und Honig oder ein Obstfrühstück mit entsprechenden Früchten, die ihm empfohlen werden.

Die beiden anderen Typen brauchen zum Frühstück mehr Nahrung. Pitta kann morgens auch schon Vollkornbrot essen oder eine größere Menge warme Milch mit Gewürzen vertragen. Allerdings sollte zu der Milch nichts gegessen werden. Milch wird im Ayurveda nicht mit anderen Nahrungsmitteln kombiniert.

Für Vata ist ein Vollkornbrot zu schwer zu verdauen und nur Milch zu trinken, ist für ihn zu wenig nahrhaft. Hier eignet sich ein leichtes Brot oder ein warmer mit Wasser gekochter Getreidebrei wesentlich besser – besonders gut sind Haferflocken. Dieser Brei wird mit gedünsteten Äpfeln, Ghee (geklärte Butter), Zimt, Sahne, Rosinen oder Nüssen geschmacklich verfeinert. Das liefert einem Vata genügend Substanz, um gut bis zum Mittagessen durchzuhalten.

Das Mittagessen

Ein klassisches ayurvedisches Mittagessen besteht aus Reis oder einer anderen Getreideart, zwei verschiedenen Gemüsen (einem trockenen und einem feuchten), Salat/Rohkost, Chutney, Dal (Hülsenfrüchten) und einem Dessert. Trockene Gemüse sind zum Beispiel Blumenkohl und Brokkoli. Ein feuchtes Gemüse kann zum Beispiel Gurke oder Tomate sein. Gerne kann zum Essen Joghurtlassi oder eine Suppe als Flüssigkeit gereicht werden. Anfangs dauert die Zubereitung eines ayurvedischen Essens länger, aber mit ein bisschen Übung verringert sich der Zeitaufwand und die Zubereitung wird zur Routine.

Falls Sie in der Woche weniger Zeit zur Verfügung haben, können Sie sich das Essen mit einem Gemüse-Dal-Reis-Gericht (Khichari), Chutney und Salat einfacher gestalten. Am Wochenende, wenn Sie mehr Zeit haben, ist es ein Genuss, eine komplette ayurvedische Mahlzeit zuzubereiten und zu verspeisen. Sie spüren sofort die ausgleichende und lang anhaltende Wirkung.

Ein Chutney, das immer zum Essen gereicht wird, enthält alle sechs Geschmacksrichtungen und wirkt daher besonders harmonisierend auf den Körper. Zwischen den einzelnen Mahlzeiten sollten Sie idealerweise vier bis fünf Stunden ohne Essen auskommen. Dafür können Sie so viel trinken, wie Sie möchten, am besten alle halbe Stunde ein paar Schluck warmes Wasser.

Das Abendessen

Abends wird im Ayurveda weniger gegessen. Eiweißreiche Lebensmittel sollten abends möglichst gestrichen und stattdessen lieber eine Suppe mit Chapati oder Brot gegessen werden. Aber auch Nudeln mit einer Gemüsesauce sind abends zu empfehlen oder ein leichtes Getreide wie Amaranth, Quinoa, Polenta, Hirse mit einem Gemüse. Das Essen am Abend sollte leicht verdaulich sein und nicht zu spät gegessen werden. Die späteste Essenszeit sollte 19 Uhr sein; besser ist es, zwischen 17 und 18.30 Uhr zu essen.

Grundrezepte für Ghee, Gewürzfotni, Panir und Tomatensauce

Wichtige Grundlage beim Kochen im Ayurveda ist die Verwendung von Ghee.

Grundrezept für Ghee (geklärte Butter)
500 g Süßrahmbutter oder ungesalzene Sauerrahmbutter

40 Minuten

1. Butter in einem Topf bei sehr niedriger Temperatur erwärmen und flüssig werden lassen. Die Butter fängt nun an zu köcheln und zu blubbern.
2. Die Butter 20 – 35 Minuten so lange brodeln lassen, bis sich das Eiweiß (weiße Schaumschicht) vom Fett getrennt hat. Das Fett wird ganz klar, der Topfboden wird nun sichtbar. Am Topfboden setzt sich eine leicht bräunliche Schicht ab.
3. Jetzt ist das Ghee fertig und kann durch ein Teesieb, das mit einem Mull- oder Baumwolltüchlein ausgelegt wurde, abgesiebt werden. Dabei trennt sich die weiße Schicht völlig vom klaren Fett.

Grundrezept Gewürzfotni

Das Gewürzfotni bildet im Ayurveda die Basis für viele Gerichte und gibt dem Essen den besonderen »Pfiff«. Mit unterschiedlichsten Geschmacksrichtungen werden Gemüse, Reis, Hülsenfrüchte, Desserts und Suppen abwechslungsreich und lecker zubereitet. Außerdem unterstützen Gewürze die Verdauung und Bekömmlichkeit vieler Speisen.

Bei der Zubereitung sind folgende Schritte notwendig:
Zuerst geben Sie Ghee in den Topf, erwärmen es bei niedriger Temperatur und geben anschließend die Gewürze dazu. Die Samen werden zuerst angebraten, bis sie beginnen zu springen. Anschließend kommen die frisch geriebenen Zutaten wie z. B. Ingwer hinein und werden leicht angebräunt. Danach folgen die frisch zermörserten Gewürze und zum Schluss die gemahlenen Gewürze. Die Gewürze entfalten im Ghee ihre positiven Wirkungen und es entsteht ein Gewürzsud, der dem Essen sein spezielles Aroma verleiht.

    Um ein Gefühl für die Verwendung der Gewürze zu bekommen, empfiehlt sich, vor der Zubereitung auf einer Fingerkuppe das Gewürz zu probieren. Das schult das Geschmacksempfinden und gleichzeitig die Vorstellungskraft über den Geschmack. Heute schmecke ich ein Essen beim Kochen selten ab und koche rein aus der Vorstellung heraus. Denn sonst bin ich satt, bevor das Essen auf dem Tisch steht. Zu Beginn überlege ich, welche Geschmacksrichtung ich haben möchte. Sollen die Gewürze den Geschmack des Gemüses verstärken oder ausgleichen? Wenn ich mich entschieden habe, wähle ich die entsprechenden Gewürze aus. Auch berücksichtige ich die Jahreszeit. Im Sommer verwende ich mehr kühlende Gewürze, während ich im Winter eher wärmende aussuche. Und wenn ich feststelle, dass viele Pitta-Typen in einer Gruppe zu bekochen sind, dann wähle ich ebenso eher kühlende Gewürze. Zum Beispiel hatte ich eine kleinere Gruppe im Sommer bei großer Hitze zu bekochen. Nach kurzer Zeit stellte ich fest, dass ein Teilnehmer sehr viel Pitta hatte. Die Hitze brachte ihn fast zum Explodieren und er wurde sehr ungeduldig. Zur Abkühlung bevorzugte er, im kühlen Treppenhaus zu stehen. Sofort entschloss ich mich, nur ein Teil des Essens schärfer zu würzen und mich bei allen anderen Gerichten zurückzuhalten. Die Zusammenstellung des Essens sah einen Gurkensalat vor, von dem ich gleich die doppelte Menge zubereitete. Nach dem Essen wurde unser ungeduldiger Pitta wesentlich gemäßigter, ruhiger und ausgeglichener.

    Nahrung hat einen sehr großen Einfluss auf unseren Körper, Geist und Seele und damit auf unser Wohlbefinden.

Geröstete Fenchelsamen

5 Minuten

Fenchelsamen können Sie nach dem Essen als Verdauungshilfe servieren. Sie verbessern unser Agni (Verdauungsfeuer).

⅓ *Tasse Fenchelsamen*

Fenchelsamen in einer Pfanne ohne Fett rösten, bis sie einen angenehmen Geruch verströmen und leicht gebräunt sind.

Grundrezept Panir

10 Minuten

Panir (Frischkäse) lässt sich ganz einfach selbst herstellen und vielseitig verwenden.

1 l Milch
1 – 2 EL Zitronensaft

1. Die Milch in einem Topf zum Kochen bringen. Nach und nach Zitronensaft hinzufügen und umrühren, bis die Milch gerinnt und sich das Kasein von der Molke trennt.
2. Danach die Molke vom Frischkäse abgießen. Dafür ein Durchschlagsieb mit einem Baumwollhandtuch oder einer Baumwollwindel auslegen und das Sieb in eine Schüssel stellen, um die Molke aufzufangen.
3. Den Topfinhalt durch das Sieb gießen. Der Frischkäse sammelt sich in dem Tuch. Die aufgefangene Molke innerhalb der nächsten 8 Stunden weiterverwenden.
4. Der Käse wird nun in dem Tuch zusammengepresst und unter fließendem Wasser knapp eine Minute gespült. Anschließend das Tuch aufschlagen und Panir herausnehmen.

Gerne brösele ich Panir in Spinat oder Mangold. Aber auch pur esse ich Panir sehr gerne. Allerdings ist Panir wie alles andere wieder nicht für jeden Typ geeignet. **Kapha** sollte bei Kuhmilchprodukten vorsichtig sein. **Pitta** kann Panir gelegentlich genießen, **Vata** kann ihn am besten vertragen.

Panir mit Basilikum

1 l Milch
1 EL Zitronensaft
1 TL getrocknete oder 2 TL frische Basilikumblätter

10 Minuten

1. Die Milch in einem Topf zum Kochen bringen. Nach und nach Zitronensaft hinzufügen und umrühren, bis die Milch gerinnt und sich das Kasein von der Molke trennt. Jetzt Basilikum hineinrühren.
2. Danach die Molke vom Frischkäse abgießen. Dazu ein Durchschlagsieb mit einem Baumwollhandtuch oder einer Windel auslegen und das Sieb in eine Schüssel stellen, um die Molke aufzufangen.
3. Den Topfinhalt durch das Sieb gießen. Der Frischkäse sammelt sich in dem Tuch. Die aufgefangene Molke innerhalb der nächsten 8 Stunden weiterverwenden.
4. Der Käse wird nun in dem Tuch zusammengepresst und unter fließendem Wasser knapp eine Minute gespült. Anschließend das Tuch aufschlagen und Panir herausnehmen.

Zu Panir können Sie gerne alles hinzufügen, was Ihnen in den Sinn kommt. Kräuter, Gewürze und Zucker eignen sich und geben ihm Geschmack. Pur schmeckt er ähnlich wie Tofu sehr neutral.

Grundrezept Tomatensauce

30 Minuten

8 Tomaten
2 EL Olivenöl
1 gestrichener TL Selleriesamen (Ajwan)
1 gestrichener TL Oregano
½ TL Langer Pfeffer (Pippali)
½ TL Kurkuma
1 gestrichener TL gemahlene Koriandersamen
½ – 1 TL schwarzes Steinsalz (Kala Namak)

1. Die Haut der Tomaten mit einem Messer anritzen und mit kochendem Wasser übergießen.
2. Einige Minuten stehen lassen, bis die Haut sich ablöst, Tomaten enthäuten und in Viertel schneiden.
3. Öl in einem Topf auf mittlere Temperatur erwärmen.
4. Selleriesamen und Oregano darin etwa 2 Minuten anrösten. Anschließend den im Mörser zerriebenen Langen Pfeffer und die gemahlenen Gewürze hinzufügen.
5. Wenn sich das Aroma der Gewürze entfaltet hat, Tomaten in den Gewürzsud geben und gut damit verrühren. Topf mit einem Deckel schließen und die Sauce 20 Minuten köcheln.

> Tomaten erhöhen alle drei Doshas. Deshalb sollten sie nur gelegentlich gegessen und mit Gewürzen zubereitet werden, die die Verdauung unterstützen. Ihr Geschmack ist süß und sauer und nach der Verdauung wirken sie scharf. Bei Übersäuerung, Arthritis, oder Nieren- und Gallensteinen sollten Sie ganz auf Tomaten verzichten.

Grundrezepte

Hinweise zu den Rezepten

Portionsgrößen
Soweit nicht anders angegeben, sind die Rezepte für vier Personen berechnet.

Abkürzungen und Mengenangaben der benutzten Messlöffel
EL = Esslöffel
TL = Teelöffel
MSP = Messerspitze

1 EL = 15 ml
1 TL = 5 ml
1 Tasse = 150 ml
1 Becher = 250 ml

Menge der Gewürze
Die Angaben zu der Menge der verwendeten Gewürze und von Zwiebeln und Knoblauch sind Durchschnittswerte. Individuell sollten Sie prüfen, was Ihnen gut tut und wie viel Sie davon jeweils verwenden möchten.

Zu den Zeitangaben
Bei den Rezepten ist jeweils die ungefähre Zubereitungszeit angegeben. Beispielsweise:

Zubereitungszeit 30 Minuten: 30 Minuten

Dabei wurden die Einweichzeiten (z. B. bei Hülsenfrüchten) nicht mitgerechnet, sondern werden zusätzlich angegeben:

30 Minuten
+ Einweichzeit

Die Zeiten zum Waschen, Putzen oder Schälen wurden mitgerechnet, allerdings handelt es sich dabei um Durchschnittswerte. Individuell kann die benötigte Zeit, beispielsweise fürs Schälen von Gemüse, abweichen.

Suppen

Suppen sind ideale Begleiter eines Mittagessens und leisten einen Beitrag zur Flüssigkeitszufuhr. Am Abend können sie zusammen mit Chapati, Papadam oder Brot als leicht bekömmliches Abendessen serviert werden.
Vata-Typen lieben Suppen. Sie sind wärmend, je nach Zubereitung nährend und trotzdem leicht zu verdauen. Kapha isst mit Vorliebe leichte Suppen, im Herbst und Winter auch zum Frühstück, anstelle nährender Getreidegerichte, die ihn belasten und häufig zu schwer machen.

Suppen

Kürbissuppe

20 Minuten

1 mittlerer Hokkaido-Kürbis
½ l Wasser
1 – 2 TL Ghee
1 Zwiebel (wahlweise, kann auch entfallen), gehackt
1 gestrichener EL frisch geriebener Ingwer
½ TL Kurkuma
½ TL Currypulver
½ TL Salz
50 – 100 ml Schlagsahne

1. Hokkaido-Kürbis waschen, vierteln, Kerne entfernen und mit der Schale in größere Würfel schneiden.
2. Das Wasser zum Kochen bringen, hinzufügen und den Kürbis auf mittlerer Stufe etwa 10 Minuten weich kochen. Danach alles mit dem Wasser im Mixer pürieren.
3. In der Zwischenzeit Ghee bei niedriger Temperatur erwärmen, die gehackte Zwiebel und den frisch geriebenen Ingwer hineingeben und das Ganze goldbraun werden lassen.
4. Kurkuma, Curry und Salz zu den Zwiebeln geben. Wenn die Gewürze ihr Aroma entfalten, den pürierten Kürbis untermischen. Je nach Konstitution mit Sahne abschmecken.

Kapha sollte generell weniger Sahne und Ghee verwenden und darf sehr scharf würzen, während **Vata** mehr Sahne und Ghee nehmen darf und moderat würzen sollte.
Pitta kann eine mittlere Menge Fett vertragen und sollte nicht zu scharf würzen.
Das Currypulver kann, je nach seiner Schärfe, variiert werden.

Sellerie-Apfel-Suppe mit Meerrettichsahne

20 Minuten

1 Sellerieknolle
4 mittelgroße süße Äpfel
2 TL Ghee
1 TL Zimt
½ l Wasser
½ – 1 TL Salz
200 ml Schlagsahne
2 gestrichene TL Meerrettich

1. Sellerie und Äpfel schälen und in mundgerechte Würfel schneiden.
2. Ghee in einen Topf geben und mit dem Zimt bei niedriger Temperatur erwärmen.
3. Sobald sich das Aroma des Zimtes verbreitet, Sellerie hinzugeben und mit dem heißen Wasser ablöschen.
4. Sellerie auf mittlerer Stufe etwa 5 Minuten köcheln. Apfelwürfel hinzugeben und weich köcheln, maximal weitere 10 Minuten. Anschließend mit Salz abschmecken.
5. In der Zwischenzeit Sahne steif schlagen und Meerrettich unterrühren.
6. Die fertige Suppe auf vier Teller verteilen und mit der Meerrettichsahne dekorieren.

> Diese Suppe ist leicht und wärmend. Durch den Sellerie ist sie ideal für **Kapha** und **Pitta**, weniger für **Vata**. Süße Äpfel, vor allem gekocht, sind für alle geeignet. **Vata** kann sich die Suppe verträglich machen, indem er stärker salzt. **Pitta** sollte weniger Meerrettichsahne nehmen.

Suppen

Kürbis-Pastinaken-Suppe

20 Minuten

1 kleiner Hokkaido-Kürbis
1 mittlere Pastinake
1 l Wasser
2 TL Ghee
1 TL geriebene Galgantwurzel (wahlweise geriebener Ingwer)
½ gestrichener TL gemahlener Bockshornkleesamen
½ TL Salz
50 – 100 ml Schlagsahne

1. Hokkaido-Kürbis waschen, vierteln, Kerne entfernen und in größere Stücke schneiden.
2. Pastinake waschen oder schälen und ebenfalls in gröbere Stücke schneiden.
3. Beide Gemüse in einen Topf geben, Wasser hinzufügen und zum Kochen bringen.
4. In der Zwischenzeit Ghee bei niedriger Temperatur erwärmen und die frisch geriebene Galgantwurzel darin leicht anbräunen.
5. Gemahlenen Bockshornklee und Salz hinzufügen und Aroma entfalten lassen.
6. Wenn das Gemüse weich ist, im Mixer pürieren und in das Gewürzfotni rühren.
7. Die Sahne unterziehen und mit etwas Wasser verdünnen, falls die Suppe zu dickflüssig ist.

Bockshornklee ist gut für die Nerven und beruhigt **Vata**. Kürbis und Pastinake sind ebenfalls sehr gut für **Vata**. **Pitta** kann die Menge des Hokkaido reduzieren und stattdessen mehr Pastinake verwenden. **Kapha** sollte bei diesen beiden Gemüsesorten schärfer würzen und kann die Menge der Galgantwurzel nach Belieben erhöhen.

Brokkolicremesuppe

1 l Wasser
500 g Brokkoli
6 EL gemahlene Walnüsse
1 gestrichener TL schwarzes Steinsalz
schwarzer Pfeffer
etwas Zitronensaft

15 Minuten

1. Das Wasser zum Kochen bringen.
2. Brokkoli waschen. Röschen von den Stielen trennen und je nach Größe zerteilen. Ende des Stieles abschneiden und den Rest ebenfalls klein schneiden. Beides in das kochende Wasser geben.
3. Brokkoli gar kochen, dann pürieren und die zu Pulver gemahlenen Walnüsse und das Salz hinzugeben.
4. Mit schwarzem Pfeffer und etwas Zitronensaft abschmecken.

Brokkoli ist leicht **Vata**-erhöhend; während Nüsse ein wahres Lebenselixier für **Vata** sind. Allerdings sollte **Vata** nicht zu viel davon essen, da sie zwar nährend, aber andererseits schwer zu verdauen sind. **Kapha** und **Pitta** sollten generell bei Nüssen vorsichtiger sein.

Suppen

Spargel-Kartoffel-Cremesuppe

500 g Spargel
200 g mehlig kochende Kartoffeln
1 l Wasser
2 – 4 EL Crème fraîche
1 gestrichener TL Pfeffer
1 MSP geriebene Muskatnuss
½ TL Salz

20 Minuten

1. Spargel und Kartoffeln schälen, in größere Stücke schneiden, gut mit Wasser bedecken und das Gemüse zum Kochen bringen.
2. Das gegarte Gemüse mit dem Kochwasser pürieren.
3. Ist die Suppe zu dickflüssig, mit etwas Wasser verdünnen.
4. Crème fraîche unterziehen und mit Pfeffer, Muskatnuss und Salz abschmecken.

> Spargel ist für alle Doshas geeignet und ideal, um im Frühjahr das **Kapha**dosha auszugleichen. Die Kartoffeln sind von trockener Natur und unterstützen die **Kapha**-reduzierende Wirkung des Spargels. Im Frühjahr kann die Suppe von allen Typen gegessen werden. Je weniger Sie die Suppe salzen, desto besser ist die Wirkung der Gemüse.

Pastinakensuppe

4 kleinere Pastinaken
2 Karotten
1 l Wasser
1 gepresste Knoblauchzehe
½ TL Cayennepfeffer
1 gestrichener TL Salz
etwas Zitronensaft
1 –2 TL Ghee
1 EL frischer Dill

15 Minuten

1. Pastinaken und Karotten waschen oder schälen, grob in Stücke schneiden und im Wasser weich kochen.
2. Gemüse mit dem Kochwasser pürieren, Knoblauch, Pfeffer und Salz hinzufügen.
3. Mit Zitronensaft und Ghee abschmecken und mit dem frischen Dill dekorieren.

Pastinaken sind ganz besonders gut für **Vata** und **Pitta**, wobei **Kapha** Pastinaken ruhig schärfer würzen können, um die **Kapha**-erhöhende Wirkung auszugleichen. Karotten, Knoblauch und Cayennepfeffer sind **Pitta**-erhöhend und sollten bei einer **Pitta**störung vorsichtig dosiert werden.

Suppen

Karotten-Apfel-Suppe mit Salbei

25 Minuten

2 Äpfel (350 g)
150 g Karotten
2 TL Ghee
½ TL Paprikapulver
1 gestrichener TL gemahlener Koriandersamen
¼ TL Kardamom
¼ TL gemahlener Bockshornkleesamen
1 MSP gemahlene Nelken
800 ml Wasser
2 MSP geriebene Muskatnuss
1 gestrichener TL frischer Salbei
½ TL helles Steinsalz
gerösteter Sesam zum Dekorieren

1. Äpfel schälen und in größere Würfel schneiden. Karotten gut waschen und in dicke Scheiben schneiden, eventuell vorher schälen.
2. Ghee in einem Topf bei niedriger Temperatur erwärmen. Gewürze bis auf Muskat und Salbei hinzufügen, mit dem Ghee verrühren und erhitzen, bis sich ihr Aroma entfaltet.
3. Äpfel und Karotten mit dem Gewürzsud mischen, Wasser hinzugeben und alles zum Kochen bringen.
4. Wenn das Wasser kocht, die Platte auf niedrige Stufe schalten und die Suppe etwa 15 Minuten weiterköcheln lassen, bis Äpfel und Karotten weich sind.
5. Die Suppe pürieren. Die restlichen Gewürze hineingeben, kurz durchziehen lassen und mit dem gerösteten Sesam dekorieren.

Eine ideale Suppe für den **Kapha**-Typ, die von diesem auch schon zum Frühstück gegessen werden kann. Aber auch die anderen Konstitutionstypen können diese Suppe gut vertragen.

Chutneys

Chutneys sind wie das Tüpfelchen auf dem »i« und dürfen bei keinem Mittagessen fehlen. Chutneys sind kalt oder warm zubereitete Saucen und enthalten alle sechs Geschmacksrichtungen. Eine wichtige Empfehlung der ayurvedischen Ernährung sagt: »Esse jeden Tag mindestens einmal täglich alle sechs Geschmacksrichtungen«. Wenn Sie sich einige Zeit daran gehalten haben, dann spüren Sie, welch positive Wirkung diese Empfehlung auf Stoffwechsel und Wohlbefinden hat.

Paprika-Tomaten-Chutney mit Minze

1 rote Paprika
2 Tomaten
2 TL frische oder 1 TL getrocknete Minze
2 Prisen Salz
1 TL gemahlener langer Pfeffer
½ TL Roh-Rohrzucker
3 EL Olivenöl

10 Minuten

1. Paprika und Tomaten waschen, putzen und in grobe Stücke schneiden. Das Gemüse pürieren.
2. Gewürze und Olivenöl hinzufügen und nochmals kurz pürieren.

Ein recht kühlendes Chutney und deshalb vor allem im Sommer oder bei **Pitta**-reduzierenden Maßnahmen zu empfehlen. Im Winter sollten Sie das Chutney sehr scharf würzen und die Minze etwas reduzieren. **Vata** kann sich das Chutney durch mehr Öl, Zucker und Salz verträglicher zubereiten, während **Kapha** sich hier zurückhalten sollte.

Zwiebelchutney

8 kleine Zwiebeln
2 TL Ghee
½ – 1 TL Salz
2 gestrichene TL süßes Paprikapulver
1 TL Kurkuma
2 MSP Chilipulver
1 gestrichener TL Oregano
1 gestrichener TL Majoran
1 Tasse Wasser
etwas Zitronensaft
½ TL Pfeffer

25 Minuten

1. Zwiebeln schälen und in gröbere Würfel schneiden.
2. Ghee in einen Topf geben und bei niedriger Temperatur erwärmen. Pulverisierte Gewürze hinzugeben und so lange anrösten, bis sich das Aroma entfaltet.
3. Getrocknete Kräuter und Zwiebeln dazugeben.
4. Mit dem Wasser ablöschen und die Zwiebeln etwa 15 Minuten im Gewürzsud schmoren lassen.
5. Mit Zitronensaft und Pfeffer abschmecken.
6. Weitere 5 Minuten durchziehen lassen.

Ein schmackhaftes Chutney, das für jeden Konstitutionstyp geeignet ist, aber nicht von jedem vertragen wird. Besonders **Vata** sollte nur wenig davon genießen, denn ihn können Zwiebeln stark blähen.

Petersilienchutney

2 Bund Petersilie
2 TL Sojasauce
4 EL Olivenöl
2 TL Zitronensaft
2 Prisen Roh-Rohrzucker
1 TL zermörserte schwarze Pfefferkörner
2 Tomaten

(10 Minuten)

1. Petersilie waschen, trockenschütteln, grob zerkleinern und pürieren.
2. Anschließend mit der Sojasauce und dem Olivenöl cremig pürieren.
3. Mit Zitronensaft, Zucker und Pfeffer abschmecken.
4. Tomaten waschen, Stielansatz entfernen, klein schneiden und die Tomatenwürfel unter das Chutney mischen.

Dieses Chutney schmeckt auch sehr gut als Brotaufstrich.
Das Kraut der Petersilie schmeckt scharf und bitter. Die Wirkung der Petersilie ist leicht erhitzend und sollte deshalb von einem **Pitta** nur mit Vorsicht verzehrt werden. Sie ist sehr mineralien- und vitaminreich und ein hervorragendes Mittel bei zu viel **Kapha** und blockierter **Vata**-Energie.

Petersilien-Birnen-Chutney

2 Bund Petersilie
2 TL Sojasauce
4 EL Olivenöl
2 TL Zitronensaft
2 Prisen Roh-Rohrzucker
1 TL zemörserte schwarze Pfefferkörner
2 Birnen

10 Minuten

1. Petersilie waschen, trockenschütteln, grob zerkleinern und pürieren.
2. Anschließend mit der Sojasauce und dem Olivenöl cremig pürieren.
3. Mit Zitronensaft, Zucker und Pfeffer abschmecken.
4. Birnen schälen, in kleine Stücke schneiden und unter das Chutney mischen.

Dieses Chutney eignet sich ebenfalls gut als Brotaufstrich.
Birnen sind **Vata**-erhöhend und verstärken somit die **Kapha**-reduzierende Wirkung der Petersilie. Deshalb ist dieses Chutney ganz besonders für **Kapha**-Typen zu empfehlen.

Mangochutney

1 große Mango
2 MSP Chilipulver
½ TL Cayennepfeffer
1 TL süßes Paprikapulver
2 Prisen Salz
2 MSP gemahlener Bockshornkleesamen
etwas Zitronensaft

1. Mango schälen, das Fruchtfleisch vom Kern entfernen und pürieren.
2. Gewürze hinzufügen.
3. Mit Zitronensaft abschmecken und nochmals kurz pürieren.

Mangochutney sieht nicht nur gut aus, sondern schmeckt auch sehr gut. Sein fruchtiger, süßlich-scharfer Geschmack passt vorzüglich zu Reis- und Gemüsegerichten.
Als Variante können Sie das Püree auch mit 2 TL frisch geriebenem Ingwer, ¼ – ½ TL Cayennepfeffer und etwas Salz würzen.
Mangos sind nährend, wirken auf alle Gewebe des Körpers aufbauend und bringen die Augen zum Strahlen. Sie sind ausgezeichnet für **Vatas** und **Pittas** geeignet. **Kapha** sollte sich bei Mangos zurückhalten, die nährende Wirkung kann durch mehr Schärfe ausgeglichen werden.

Aprikosen-Tamarinden-Chutney

1 Hand voll getrocknete Aprikosen
Wasser zum Einweichen
1 EL Tamarinde (vom Block)
1 Tasse Wasser
(alternativ ¼ – ½ TL Tamarindenextrakt)
1 TL gemahlener Kreuzkümmel
2 Prisen Cayennepfeffer
½ TL Salz

20 Minuten + Einweichzeit

1. Aprikosen knapp mit kaltem Wasser bedecken und etwa 2 Stunden einweichen. Aprikosen pürieren.
2. Die Tamarinde mit einer Tasse Wasser zum Köcheln bringen und knapp 10 Minuten kochen. Danach den Tamarindensud durch ein feines Sieb gießen und die Tamarinde mit einem hölzernen Löffel so lange durch das Sieb passieren, bis möglichst das ganze Mark durch das Sieb gepresst ist und nur noch Kerne und Fasern übrig sind. Kratzen Sie dabei auch das Mark ab, das sich auf der Unterseite des Siebes befindet. Schneller geht es, wenn Tamarindenextrakt verwendet und mit den Aprikosen direkt püriert wird.
3. Tamarindensud mit dem Aprikosenpüree und den Gewürzen mischen. Fertig ist eine leckere Sauce.

Tamarinde hat einen sehr intensiven Geschmack und ist herrlich zum Würzen von süß-sauren Speisen. Beim Probieren auf der Zunge schmeckt man sofort sauer und zusammenziehend heraus, danach wird der süße und leicht scharfe Geschmack wahrgenommen. Tamarinde ist **Pitta**- und **Kapha**-erhöhend, die getrockneten Aprikosen sorgen für Ausgleich. Damit das Chutney für alle Typen geeignet ist, werden die Aprikosen für **Vata** eingeweicht (gerne auch länger als zwei Stunden).

Paprika-Tamarinden-Chutney

20 Minuten

1 EL Tamarinde (vom Block)
1 Tasse Wasser
  (alternativ ½ TL Tamarindenextrakt)
2 rote Paprika
etwas Wasser
2 cm Kokoscreme (vom Block)
½ – 1 TL Salz
1 TL gemahlener Kreuzkümmel
1 Prise Cayennepfeffer

1. Die Tamarinde mit dem Wasser zum Köcheln bringen. Die Tamarinde knapp 10 Minuten kochen.
2. In der Zwischenzeit die Paprika in größere Würfel schneiden und mit wenig Wasser weich kochen.
3. Die Kokoscreme zu den Paprikawürfeln geben und auflösen, mit den Paprika pürieren.
4. Tamarindensud durch ein feines Sieb gießen. Mit einem hölzernen Löffel so viel Fruchtfleisch wie möglich durch das Sieb passieren. Dabei immer wieder am Boden des Siebes entlangschaben, bis alles Fruchtfleisch durchgepresst ist und nur noch Kerne und Fasern übrig sind. Den Tamarindensud mit dem Paprikapüree mischen.
5. Wenn es schnell gehen soll, kann auch Tamarindenextrakt verwendet und direkt mit den Paprika püriert werden.
6. Mit den Gewürzen abschmecken.

Tamarindenchutney hat durch die Paprika einen herberen Geschmack als das Aprikosenchutney mit Tamarinde, schmeckt jedoch ebenso gut. Die Kokoscreme macht das Chutney cremig. Kokoscreme ist besonders den **Pitta**-Typen zu empfehlen. Sie sollten kokoshaltige Nahrungsmittel öfter in ihren Speiseplan einfügen. **Kapha** sollte weniger Kokoscreme verwenden und die Menge des Cayennepfeffers erhöhen. Auf **Vata** hat der Kreuzkümmel eine ausgleichende Wirkung.

Rettichchutney

15 Minuten

1 Rettich (wahlweise 1 Bund Radieschen)
200 ml Schlagsahne
1 klein geschnittene, größere grüne Peperoni
4 TL Roh-Rohrzucker
1 TL Garam Masala
1 – 2 EL Zitronensaft
2 TL Sojasauce
frische Petersilie zum Garnieren

1. Rettich waschen und in kleine Würfel schneiden, raspeln oder pürieren.
2. Sahne und Gewürze hinzufügen und verrühren.
3. Mit der klein gehackten Petersilie garnieren.

Rettich ist gut für die Verdauung, er hat eine harntreibende Wirkung und ist besonders den **Kapha**-Typen zu empfehlen. Bei meinen Kochkursteilnehmern ist das Chutney auf Grund seiner wunderbar anregenden Wirkung im Frühjahr sehr beliebt.
Pitta sollte dieses Chutney wegen der Schärfe des Rettichs und der Sahne nur in Maßen verzehren. Für **Vata** ist wichtig, die individuell verträgliche Menge an rohem Rettich herauszufinden und den Verzehr entsprechend anzupassen.

Indisches Kartoffelraita

500 g fest kochende Kartoffeln
Wasser zum Kochen
Salz
2 TL Ghee
2 gestrichene TL Senfkörner
1 TL frisch geriebener Ingwer
1 TL Kurkuma
1 gestrichener TL Tandoori Masala
etwas Salz
4 EL Kokosflocken
300 g Naturjoghurt
1 – 2 Tomaten und / oder etwas Petersilie zum Dekorieren

30 Minuten

1. Die Kartoffeln waschen, in kochendes Salzwasser geben und in der Schale weich kochen.
2. Bis die Kartoffeln weich sind, das Gewürzfotni zubereiten. Dazu Ghee in einen Topf geben und bei niedriger Temperatur erwärmen. Senfkörner hinzufügen und bei zugedecktem Topf warten, bis die Körner anfangen zu springen.
   Wenn die Körner nicht mehr springen, den frisch geriebenen Ingwer hinzugeben und etwas anbräunen lassen. Anschließend die restlichen Gewürze in den Sud rühren.
3. Zum Schluss Kokosflocken im Gewürzsud rösten.
4. Gekochte Kartoffeln etwas abkühlen lassen, schälen und in Würfel schneiden. Joghurt und das Gewürzfotni mit den Kartoffeln mischen.
5. Kartoffelraita mit Tomatenscheiben und / oder Petersilie dekorieren.

Dieser Kartoffelsalat ist für den westlichen Gaumen etwas ungewöhnlich. Meine Freunde sind davon so begeistert, dass sie ihn sich häufig auf Partys wünschen. **Kapha** sollte sich bei dieser Kombination in Zurückhaltung üben oder aber sehr scharf würzen. **Pitta** und **Vata** können gerne davon essen – aber bitte nicht täglich!

Raita (Indischer Joghurt)

½ Gurke
2 Tomaten
1 TL süßes Paprikapulver
½ TL Kurkuma
½ TL Roh-Rohrzucker
1 TL süßes Paprikapulver
2 Prisen Cayennepfeffer
1 – 2 TL grüne, gehackte Korianderblätter
½ – 1 TL Salz
300 g Naturjoghurt

10 Minuten

1. Die Gurke schälen, bei der Tomate den Stielansatz entfernen.
2. Das Gemüse in feine Würfel schneiden oder im Mixer kurz mixen.
3. Anschließend die Gewürze und den Joghurt dazugeben und alles gut vermischen.

Ein erfrischendes Chutney, das besonders gut zu scharfen Speisen passt und vor allem im Sommer sehr gerne gegessen wird. Statt Salz kann auch schwarzes Steinsalz verwendet werden. Dieses Steinsalz, das in indischen Läden erhältlich ist, hat auch in kleinsten Mengen einen sehr markanten, hervorschmeckenden Geschmack. Ich mag diesen Geschmack sehr und verwende es sehr gerne in Raitas. Es wird nicht als Ersatz für übliches Salz, sondern als eigenes Gewürz verwendet. Steinsalz hat sehr wohltuende Wirkungen auf das Verdauungsfeuer.

Gurkenraita kann **Kapha** erhöhen. Deshalb sollten **Kapha**-Typen die Menge des Kurkuma und des Cayennepfeffer erhöhen und süßes Paprikapulver durch scharfes ersetzen. Die erhitzende Wirkung des Joghurts wird für **Pitta** durch die Korianderblätter ausgeglichen. Für **Vata** ist es am besten verträglich.

Karotten-Apfel-Chutney

25 Minuten

2 Karotten
2 Äpfel
2 EL Sesamöl
1 Hand voll gehackte Petersilie
1 Limone
½ TL Steinsalz
1 TL Roh-Rohrzucker
1 TL gemahlener grüner Pfeffer

1. Die Karotten waschen, putzen und fein raspeln.
2. Äpfel in kleine Würfel schneiden. Gemüse und Obst mischen.
3. Öl und einen Teil der gehackten Petersilie unterheben.
4. Mit der ausgepressten Limone, Salz, Zucker und Pfeffer abschmecken und etwa 15 Minuten ziehen lassen.

> Dieses Chutney bei der Zubereitung eines Essens am besten an den Anfang stellen, damit es schön lange durchziehen kann. Da das Chutney aus Rohkost besteht, ist es nicht für jeden geeignet. Rohkost wird von **Pitta** gut vertragen. **Vata** und **Kapha** sollten sich bei Rohkost sehr zurückhalten und eher bei gut geölten Blattsalaten zugreifen, aber auch hiervon nicht zu viel.

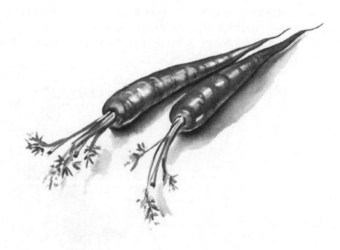

Petersilien-Kokosflocken-Chutney

10 Minuten

1 kleine rote Peperoni
2 Tomaten
½ Tasse Kokosflocken
2 Tassen grob gehackte Petersilie
1 TL Akazienhonig
Saft einer ½ – 1 Zitrone
Salz

1. Peperoni klein hacken, Tomaten in kleine Stücke schneiden.
2. Kokosflocken in einer Pfanne ohne Fettzugabe goldbraun rösten.
3. Petersilie zusammen mit Peperoni, Tomaten, Kokosflocken, Honig und Zitronensaft im Mixer gut pürieren.
4. Nach Bedarf mit etwas Salz abschmecken.

Sehr schnell und einfach in der Zubereitung ist dieses besonders scharfe Chutney. Für Berufstätige geradezu ideal. Sie können sich davon zum Beispiel in die Kantine etwas mitnehmen, um dem Essen den vielleicht fehlenden Pfiff zu geben.
Pitta sollte dieses Chutney in Maßen essen und die Schärfe reduzieren. **Vata** und **Kapha** können hier ruhig häufiger zugreifen.

Zwiebel-Apfel-Chutney

2 EL kaltgepresstes Olivenöl
100 g Zwiebeln
500 g Äpfel
etwas Wasser
2 Zimtstangen
1 EL Ghee
1 TL Koriandersamen
2 TL frisch geriebener Ingwer
½ TL Kurkuma
½ TL scharfes Currypulver
¼ TL geriebene Muskatnuss
¼ TL Nelkenpulver
1 gestrichener TL Salz
100 g Akazienhonig
½ – 1 Zitrone
frische Petersilie zum Garnieren

50 Minuten

1. Öl in einem Topf erhitzen. Zwiebel würfeln und im Öl goldgelb dünsten.
2. Äpfel waschen, schälen, in 2 cm große Würfel schneiden, zu den Zwiebeln geben und mit wenig Wasser und den Zimtstangen weich dünsten.
3. Ghee bei niedriger Temperatur im Topf erwärmen. Koriandersamen und Ingwer hinzufügen, etwas bräunen lassen und die gemahlenen Gewürze hinzugeben.
4. Gewürzsud zu der Apfel-Zwiebel-Mischung geben und etwa 30 Minuten köcheln lassen.
5. Akazienhonig, abgeriebene Schale und Saft der Zitrone unterrühren und 10 Minuten durchziehen lassen.
6. Zimtstange entfernen und die gehackte Petersilie darüber streuen.

Dieses Chutney schmeckt sehr fruchtig, süß-sauer und leicht scharf. Sie können es kühl und dunkel 3 – 4 Tage aufbewahren. **Vatas** sollten Zwiebeln weglassen, wenn sie Beschwerden verursachen. Dann können Sie die Apfelmenge erhöhen.
Kapha kann wie gewohnt die scharfen Gewürze erhöhen. **Pitta** sollte eine süße Äpfelsorte wählen und kann den Honig durch Apfeldicksaft ersetzen.

Feuriger Chilidip

¼ TL Chilichutney
1 TL Limonensaft
2 EL gehackte Korianderblätter (wahlweise Dill)
150 g Naturjoghurt
Salz
etwas Roh-Rohrzucker

5 Minuten

1. Alle Zutaten in einer Schüssel gut vermischen.
2. Nach Bedarf mit Salz und Zucker abschmecken.

Besonders schnell zuzubereiten und sehr feurig. **Vatas** und **Pittas** sollten das Chutney mit Vorsicht genießen und noch eine gute Menge an Koriander oder Dill dazugeben.
Kapha darf wie bei allen scharfen Gerichten wieder mehr essen.
Chilichutney erhalten Sie in asiatischen oder indischen Lebensmittelgeschäften.

Grüne Joghurtsauce

*je 1 EL Petersilie, Schnittlauch, Sauerampfer, Kresse,
Borretsch, Kerbel und Pimpinelle
oder andere Kräuter nach Wahl
300 g Naturjoghurt
½ TL Senf
1 – 2 EL Öl
1 rote Zwiebel, fein gehackt (wahlweise)
Salz
Pfeffer*

15 Minuten

1. Alle Kräuter waschen, trockenschütteln und klein hacken oder mit dem Pürierstab zerkleinern.
2. Kräuter mit dem Joghurt gut verrühren.
3. Danach die restlichen Zutaten dazugeben.
4. Mit Salz und Pfeffer abschmecken.

Im Frühjahr, in der **Kapha**zeit, bekommen Sie alle Kräuter frisch und das ist die beste Zeit für die Zubereitung der Sauce. Schmeckt herrlich erfrischend und die Vielzahl der Kräuter geben der Sauce ihren unverkennbaren Geschmack. Die schleimbildende Eigenschaft des Joghurt, wird durch die Kräuter ausgeglichen, trotzdem kann ein **Kapha**-Typ noch Kurkuma hinzufügen. Wer im Frühjahr zu Erkältungskrankheiten neigt, sollte dies unbedingt tun.

Kokoschutney

200 g Kokosflocken
½ Packung Kokosmilchpulver
2 Tassen Wasser
*   oder alternativ 2 Tassen Kokosmilch*
Saft einer ½ Limone
1 TL frisch gemahlener Koriandersamen
¼ TL Asafoetida
½ TL gemahlener Bockshornkleesamen
1 kleine frische rote Chilischote
½ – 1 TL Salz

1. Kokosflocken mit Kokosmilchpulver und Wasser oder Kokosmilch und Limonensaft vermischen.
2. Die Gewürze dazugeben und zusammen fein pürieren.
3. Nach Bedarf mit etwas Salz abschmecken.

> Kokosflocken und Kokosmilch sind sehr gut für **Pitta**-Typen. Vor allem in einem heißen Sommer sind sie ideal, um **Pitta** auszugleichen. Zu diesem Zweck entstand das Rezept während eines Seminars.

Joghurt-Minze-Chutney

1 Bund frische Minze
1 TL frisch geriebener Ingwer
1 kleine rote Peperoni
2 TL Ahornsirup oder 1 TL Vollrohrzucker
etwas Salz
½ TL gemahlener Bockshornkleesamen
300 g Naturjoghurt

40 Minuten

1. Minze waschen, trockenschütteln und klein hacken oder mit dem Pürierstab zerkleinern.
2. Geriebenen Ingwer und klein geschnittene Peperoni mit dem Ahornsirup, Salz und Bockshornklee unter die Minze rühren.
3. Mit dem Joghurt mischen und 30 Minuten durchziehen lassen.

> Das Minzchutney ist wie das Kokoschutney besonders gut für **Pitta** geeignet, im Sommer ist es für alle Typen zu empfehlen. Es wirkt angenehm erfrischend und kühlend. Gleichzeitig unterstützt Minze die Verdauung.

Salate

Salate erfrischen Geist und Körper und wirken kühlend – deshalb sind sie ganz besonders für den Pitta geeignet und im Sommer für alle Typen gut bekömmlich. Vata-Typen können immer mehr Öl, Sahne und Zitrone verwenden als die beiden anderen Typen. Außerdem können sie die Salate mit so viel Avocado und Nüssen garnieren, wie sie möchten.
Wie bei allen Gerichten sollten Sie herausfinden, wie viel Salat Ihr Körper verträgt. Die Mittagszeit ist am besten für Salate geeignet, denn dann ist das Verdauungsfeuer am größten.

Pilzsalat mit Basilikumpanir

4 EL Olivenöl
1 EL Balsamico-Essig
1 – 2 EL Sojasauce
500 g Champignons
Panir mit Basilikum aus 1 l Milch (s. Zubereitung S. 33)

15 Minuten (ohne Panir)

1. Olivenöl, Balsmico und Sojasauce miteinander verrühren.
2. Pilze waschen, in Scheiben schneiden und mit der Salatsauce mischen.
3. Panir fein zerbröseln und mit den Pilzen und der Sauce vermengen.

Pilze brauchen viel Verdauungsenergie, für **Vata** sind sie deshalb weniger geeignet. **Pitta** und **Kapha** können Pilze in Maßen verspeisen, die beste Tageszeit dafür ist die Mittagszeit. **Kapha** kann zusätzlich mit Pfeffer und Chili würzen.

Chicoréesalat mit karamellisierten Mandelstiften

30 Minuten

4 kleine Chicorée
2 EL Sesamöl
2 Orangen
2 Prisen Salz
1 TL Pfeffer
2 TL Schabziger Klee
100 g Roh-Rohrzucker
4 EL Mandelstifte

1. Chicorée waschen, Strunk in der Mitte entfernen und den Chicoree klein schneiden.
2. Salatsauce aus Sesamöl, ausgepressten Orangen, Salz, Pfeffer und Schabziger Klee zubereiten.
3. Chicoree mit der Salatsauce gut mischen und ziehen lassen.
4. Zucker in der Pfanne erwärmen und mit den Mandelstiften karamellisieren lassen.
5. Karamellisierte Mandelstifte abkühlen lassen und anschließend über den Chicoreesalat geben.

Chicorée enthält die so notwendigen Bitterstoffe, um **Kapha** und **Pitta** zu reduzieren. **Vata** sollte ebenfalls Bitterstoffe genießen, allerdings nur in kleinsten Mengen. Die karamellisierten Mandelstiften bieten einen willkommenen, geschmacklichen Ausgleich zum Bitteren des Chicorée.

Kopfsalat mit Estragon-Schnittlauch-Sauce (10 Minuten)

1 Kopfsalat
1 – 2 EL Öl
1 EL Zitronensaft
1 Prise Salz
¼ TL gemahlener Pfeffer
½ TL getrockneter Estragon
1 EL frischer Schnittlauch
1 EL Naturjoghurt

1. Kopfsalat putzen und waschen.
2. Aus Öl, Zitronensaft, Joghurt, Kräutern und Gewürzen eine Salatsauce anrühren.
3. Das fertige Dressing über die Salatblätter träufeln.

> Diese Sauce passt sehr gut zu Kopfsalat oder Eisbergsalat. Sie ist eine meiner Standardsalatsaucen.
> Salate sind in der Regel **Vata**-erhöhend und bieten für **Pitta** und in Maßen für **Kapha** eine sinnvolle Ergänzung zum Mittagessen. Denn Salate enthalten mehr oder weniger Bitterstoffe. Bitter ist für diese beiden Typen sehr zu empfehlen, um ihre Doshas im Gleichgewicht zu halten. **Vata** sollte mit Bitterstoffen vorsichtiger sein und kann die kühlende Wirkung der Salate durch Verwendung von mehr Öl ausgleichen.

Blattsalat mit Walnüssen

2 EL Wasser
4 EL Zitronensaft
3 EL Olivenöl
1 TL süßes Paprikapulver
8 Walnusskerne, fein gehackt
Salz
1 größerer Kopfsalat

10 Minuten

1. Alle Zutaten für das Dressing in einer Schüssel vermischen.
2. Kopfsalat putzen und waschen.
3. Den Salat unter das fertige Dressing heben.

Diese Salatsauce schmeckt durch die Walnüsse etwas herber. Ich verwende sie hauptsächlich für Kopfsalat. Dies ist eine sehr gute Sauce für **Vata**. **Pitta** und **Kapha** sollten sich bei einer Kombination aus Öl und Nüssen eher zurückhalten.

Salat mit Ahornsirupsauce

1 Blattsalat mittlerer Größe
2 – 3 EL Olivenöl
1 knapper EL Balsamico-Essig
1 – 2 EL Naturjoghurt
1 Prise Salz
1 – 2 TL Ahornsirup
½ TL langer oder grüner Pfeffer
1 gestrichenen EL Estragon
1 TL gemahlener Liebstöckel

10 Minuten

1. Salat putzen und waschen.
2. Öl, Essig, Joghurt, Gewürze und Kräuter gut verrühren.
3. Die Salatsauce kurz vor dem Servieren unter den Salat mischen.

Durch den Ahornsirup ist diese Sauce mild und süßlich. Daher eignet sie sich auch gut für stark bittere Salate wie Endiviensalat, Rucola oder Salat mit einer guten Menge Radicchioblättern. **Pitta** kann nie genug vom süßen und bitteren Geschmack zu sich nehmen und sollte hier kräftig zugreifen. Für **Kapha** empfiehlt sich, weniger Joghurt, Öl und Ahornsirup zu verwenden, während **Vata** sich an den höheren Werten der angegebenen Mengen orientieren kann.

Salat mit Ysopsauce

1 Salat mittlerer Größe
2 – 3 EL Walnussöl
1 EL Rotweinessig
1 EL Naturjoghurt
1 TL Schabziger Klee
1 TL Ysop
¼ TL grüner Pfeffer
1 Prise Salz
1 Prise Zucker

10 Minuten

1. Salat putzen und waschen.
2. Alle Zutaten für die Sauce gut verrühren.
3. Kurz vor dem Servieren das Dressing unter den Salat mischen.

Ysop lässt sich sehr gut im Topf selbst ziehen und hat wunderschöne violette Blüten. Es verringert **Vata** und **Kapha**.
Vata kann bei dieser Sauce die volle Menge Walnussöl verwenden. **Kapha** sollte das Walnussöl durch Sonnenblumen- oder Sesamöl ersetzen. Für **Pitta** ist diese Sauce weniger gut verträglich.

Blattsalat mit Limonensauce

25 Minuten

1 Blattsalat mittlerer Größe
1 EL Limonensaft
2 – 3 EL Olivenöl
1 TL Roh-Rohrzucker oder Honig (wahlweise)
½ TL Salz
½ TL Schabziger Klee
½ TL gemahlener Liebstöckel
1 TL getrocknete Beifußblätter
¼ TL gemahlene Bockshornkleesamen
½ TL Pfeffer

1. Salat putzen und waschen.
2. Alle restlichen Zutaten für die Sauce gut verrühren.
3. Salat mit dem Dressing anrichten.

> Diese Sauce gehört ebenfalls zu meinen Lieblingssalatsaucen. Beifuß verringert vor allem **Vata** und **Kapha** und geringfügig auch **Pitta**. Diese Salatsauce ist aufgrund der Zutaten für alle Typen geeignet, **Kapha** sollte das Olivenöl jedoch durch Rapsöl ersetzen.

Rettich-Kohlrabi-Birnen-Rohkost

25 Minuten

½ Kohlrabi
1 Schwarzrettich
2 Birnen
1 – 2 EL Sesamöl
Saft einer ½ Zitrone
1 MSP gemahlene Senfkörner
¼ TL gemahlener Schabziger Klee
¼ TL gemahlener Liebstöckel
½ TL Salz
½ TL langer Pfeffer

1. Kohlrabi und Rettich schälen und fein raspeln. Birnen schälen und in kleine Stücke schneiden.
2. Öl, Zitronensaft und Gewürze verrühren und 10 Minuten durchziehen lassen.
3. Die Sauce unter die geraspelte Rohkost mischen und den Salat weitere 10 Minuten durchziehen lassen.
4. Je nach Geschmack noch etwas mehr Zitronensaft hinzufügen.

Rohkost ist zwar reich an wertvollen Inhaltsstoffen, doch für **Vata** weniger gut zu vertragen. Außerdem besteht das Rohkostgericht hier aus Kohlrabi und Birnen, die ebenso für **Vata** nicht zu empfehlen sind.
Pitta kann Rohkost gut vertragen und **Kapha** nur in kleinen Mengen. Durch den Schwarzrettich bekommt die Rohkost eine scharfe Richtung und ist daher gut für **Kapha**.

Honig-Senf-Sauce

10 Minuten

2 EL Olivenöl
1 EL Zitronensaft
1 TL Honig
1 TL Senf
¼ TL Langer Pfeffer
¼ TL Kardamom
1 TL frischer Salbei
1 TL Gomasio
evtl. etwas Salz

1. Öl, Zitronensaft, Honig und Senf gut miteinander verquirlen.
2. Langen Pfeffer im Mörser zerreiben und mit den restlichen Gewürzen zu der Salatsauce geben, alles gut vermischen.
3. Nach Bedarf mit Salz abschmecken.

Eine Salatsauce, die ideal für **Kapha** und auch **Vata** geeignet ist, weniger für **Pitta**. Sie passt besonders gut zu Blattsalaten.

Getreidegerichte

Reis und andere Getreidearten sind neben Gemüse ein Hauptbestandteil des ayurvedischen Mittagessens. In diesem Kapitel finden Sie einfache Getreidegerichte, die Sie mit Gemüse kombinieren können oder auch Reisgerichte, die bereits mit Gemüse, manchmal auch zusätzlich mit Hülsenfrüchten (Khichari) gekocht werden. In der Ayurvedaküche wird hauptsächlich Basmatireis verwendet. Vollkornreis wird je nach Bekömmlichkeit eingesetzt, denn dieser ist schwerer zu verdauen. Hören Sie bei der Auswahl der Reissorte auf Ihren Körper.
Wenn Sie ein Khichari zubereiten und mit einem Chutney kombinieren, haben Sie ein komplettes Mahl, das den Körper gut sättigt, leicht zu verdauen ist und Vitalität und Kraft spendet. Khicharis sind eine meiner Lieblingsmahlzeiten.

Gemüsereis mit Tofu

35 Minuten

1 Becher Basmatireis
2 Becher Wasser
2 TL Ghee, Rapsöl oder Sesamöl
1 TL Senfkörner
1 kleine Knoblauchzehe, zerdrückt (wahlweise)
1 TL Kurkuma
2 TL gemahlener Kreuzkümmel
1 ½ – 2 TL Tandoori Masala
1 gestrichener TL Salz
4 Tassen klein geschnittenes Gemüse (möglichst trockenes und feuchtes Gemüse gemischt)
100 g Tofu

1. Reis mit dem Wasser zum Kochen bringen, danach die Herdplatte auf niedrigste Stufe schalten und den Reis quellen lassen.
2. In der Zwischenzeit das Öl im Wok oder in einem Topf erwärmen.
3. Senfkörner hinzugeben und bei geschlossenem Deckel erhitzen, bis sie nicht mehr springen.
4. Knoblauch dazugeben und anbräunen (wahlweise, da Pitta-erhöhend).
5. Kurkuma, Kreuzkümmel, Tandoori Masala und Salz hinzufügen.
6. Das Gemüse mit dem zerbröselten Tofu in den Wok geben und bei niedrigerer Temperatur langsam weich dünsten.
7. Den fertigen Reis unter das Gemüse mischen.

Gemüsereis mit Tofu ist eine hervorragende Möglichkeit für Berufstätige, sich in der Woche ein warmes Mittagessen zuzubereiten. Dazu ein Chutney, das alle sechs Geschmacksrichtungen enthält und nach Bedarf einen kleinen Salat und Sie haben eine vollwertige Mahlzeit.
Reis ist für alle Doshas gut. **Kapha** sollte auf die Menge achten. Als Gemüse empfiehlt sich für **Vata**: Zucchini, Tomaten, Fenchel oder anderes feuchtes Gemüse. Für **Pitta**: Blumenkohl, Broccoli, Gurke oder Fenchel. Für **Kapha**: trockene Gemüse wie Auberginen, Kohl oder Lauch. Beim Würzen sollte **Pitta** das Tandoori Masala vorsichtig dosieren.

Gewürzreis mit Rosinen und Sonnenblumenkernen

40 Minuten

1 Zwiebel
2 TL Ghee
1 TL Kreuzkümmel
1 TL Kurkuma
1 TL Thymian
½ TL gemahlener Koriandersamen
½ TL Chilipulver
Salz
1 Becher Basmatireis
4 Becher Gemüse nach Wahl, in Stücke geschnitten
2 Becher Wasser
3 EL geröstete Sonnenblumenkerne
1 Hand voll Rosinen
Salz
evtl. Zitronensaft

1. Die Zwiebel fein hacken.
2. Ghee in einem Topf bei niedriger Temperatur erwärmen und den Kreuzkümmel für eine Minute darin anrösten.
3. Die Zwiebel dazugeben, kurz anbräunen, dann die restlichen Gewürze hinzufügen.
4. Gemüse und den gewaschenen Reis unterrühren.
5. Wasser hinzufügen, alles aufkochen lassen und bei reduzierter Hitze gar köcheln. Bei Bedarf noch etwas Wasser dazugeben.
6. In der Zwischenzeit die Sonnenblumenkerne in einer Pfanne ohne Öl rösten.
7. Zum Schluss Rosinen, geröstete Sonnenblumenkerne und Salz in den Gemüsereis geben.
8. Eventuell mit Zitronensaft abschmecken.

Reis und geröstete Sonnenblumenkerne sind in diesem Gericht die Proteinquelle. Proteinreiche Speisen sind mittags am besten zu verdauen. Dann ist das Verdauungsfeuer am höchsten. Dieses Gericht ist für alle Dosha-Typen geeignet, die Verträglichkeit kann durch entsprechende Auswahl der Gemüsearten unterstützt werden (s. Seite 12 ff).

Einfacher Reis

1 Tasse Basmatireis
2 Tassen Wasser
½ TL Salz

1. Reis waschen und in einen Topf geben.
2. Wasser und Salz hinzufügen.
3. Das Wasser mit dem Reis zum Kochen bringen.
4. Herdplatte herunterschalten und den Reis ausquellen lassen.

Einfachen Reis verwende ich sehr gerne bei einem kompletten ayurvedischen Mittagessen zum Ausgleich, wenn ich stark gewürzte Gemüse und Chutney anbiete. Als Variante können dem Reis auch ein Schuss Olivenöl oder Kardamomsamen hinzugefügt werden.

Reis mit Mischgemüse

40 Minuten

1 Zwiebel
500 g Gemüse (Karotten, Fenchel, Tomaten, grüne Bohnen,
  Chinakohl, je nach Jahreszeit)
1 EL Ghee
1 TL Kreuzkümmel
1 TL Kurkuma
1 TL Selleriesamen
½ TL gemahlener Koriandersamen
¼ TL Chilipulver
Salz
1 Becher Naturreis
2 Becher Wasser
Salz
frische Kräuter nach Geschmack

1. Zwiebel fein hacken, das Gemüse waschen, bei Bedarf schälen und in mundgerechte Stücke schneiden. Bei Bohnen jeweils die Enden abschneiden und eventuell halbieren.
2. Ghee im Topf bei niedriger Temperatur erwärmen und den Kreuzkümmel für eine Minute darin anrösten.
3. Die Zwiebeln zugeben, kurz anbräunen, dann die restlichen Gewürze hinzugeben.
4. Nachdem die Gewürze ihr Aroma entfaltet haben (geht sehr schnell), das klein geschnittene Gemüse und den gewaschenen Reis unterrühren.
5. Wasser und Salz hinzufügen, aufkochen lassen und bei reduzierter Hitze etwa 30 Minuten gar köcheln. Nach Bedarf noch etwas Wasser hinzufügen.
6. Mit frischen Kräutern wie beispielsweise Petersilie abschmecken.

Khichari für Vata

45 Minuten + Einweichzeit

⅓ Becher gelber Mung Dal
1 Rote Bete
1 mittlere Zucchini
1 Becher Basmatireis
3 TL Ghee
1 TL Kreuzkümmel
1 TL Fenchelsamen
1 gestrichener TL Selleriesamen
1 gestrichener EL frisch geriebener Ingwer
2 MSP Asafoetida
½ TL Curry
3 Becher Wasser
½ – 1 TL Steinsalz
frischer Majoran oder Oregano zum Garnieren

1. Mung Dal waschen, in eine Schüssel geben und zwei bis vier Stunden in Wasser einweichen.
2. Rote Bete schälen und in mundgerechte Würfel schneiden. Zucchini waschen und in größere Würfel schneiden.
3. Den Reis waschen und abtropfen lassen. Dal abgießen.
4. In der Zwischenzeit Ghee bei niedriger Temperatur erwärmen, Samen hinzugeben und anbraten. Geriebenen Ingwer hineingeben und leicht anbräunen lassen.
5. Anschließend die gemahlenen Gewürze in den Sud rühren und anbraten, bis sich das Aroma entfaltet hat.
6. Reis, Mung Dal und das Gemüse mit dem Gewürzsud vermischen. Das Wasser hinzufügen und das Khitchari zum Kochen bringen. Bei geöffnetem Topf etwa 5 Minuten kochen.
7. Danach Temperatur reduzieren und bei schwacher Hitze 25 Minuten köcheln lassen, bis der Dal und die Rote Bete weich sind.
8. Zum Schluss salzen und mit frischem Majoran oder Oregano garnieren.

Dieses Khichari ist speziell für den **Vata**-Typ, vor dem Servieren kann zusätzlich noch etwas Ghee darüber gegeben werden. Khicharis sind leicht verdaulich und gleichzeitig stärkend. Das Gericht wird oft bei Reinigungs- und Heilkuren eingesetzt.

Khichari für Pitta

40 Minuten

1 Becher grüner Mung Dal
1 Becher Basmatireis
4 Kartoffeln
1 Pastinake
1 rote Paprika
2 – 3 TL Ghee
1 TL Kreuzkümmel
1 TL Fenchelsamen
1 TL frisch zermörserter Koriandersamen
½ TL Kurkuma
½ TL süßes Paprikapulver
4 – 5 Becher Wasser
½ TL Steinsalz
frischer Dill (wahlweise Korianderblätter) zum Garnieren

1. Mung Dal und Reis waschen und abtropfen lassen.
2. Kartoffeln und Pastinake schälen und in mundgerechte Würfel schneiden. Paprika waschen und in Streifen schneiden.
3. Ghee bei niedriger Temperatur erwärmen, Samen hinzugeben und anbraten lassen.
4. Wenn die Samen zu springen beginnen, die restlichen Gewürze in den Sud rühren und so lange erhitzen, bis sich das Aroma entfaltet hat.
5. Reis, Mung Dal und das Gemüse mit dem Gewürzsud vermischen. Das Wasser hinzufügen und das Khichari zum Kochen bringen.
6. Danach Hitze reduzieren und bei schwacher Hitze 25 – 30 Minuten köcheln lassen, bis der Dal weich ist.
7. Zum Schluss salzen und mit frischem Dill oder Korianderblättern dekorieren.

Ein Khichari speziell für den **Pitta**-Typ. Auch er kann sich vor dem Servieren noch etwas Ghee darüber träufeln.

Khichari für Kapha

45 Minuten

1 Becher gelber Mung Dal
1 Becher Basmatireis
1 Kohlrabi
2 Karotten
1 Chicorée
1 TL Ghee
1 TL Senfkörner
1 gestrichener EL frisch geriebener Ingwer
3 ganze Nelken
2 Lorbeerblätter
½ TL Curry
½ TL Kurkuma
2 MSP Chilipulver
4 – 5 Becher Wasser
½ TL Steinsalz
frisches Basilikum (wahlweise Petersilie) zum Garnieren

1. Mung Dal und Reis waschen und abtropfen lassen.
2. Kohlrabi und Karotten schälen und in mundgerechte Würfel schneiden.
3. Chicorée waschen, evtl. äußere Blätter entfernen, den Strunk etwas ausschneiden und die Blätter in Streifen schneiden.
4. Ghee bei niedriger Temperatur erwärmen, Senfkörner darin anbraten, bis sie beginnen zu springen.
5. Frisch geriebenen Ingwer, Nelken und Lorbeerblätter hinzufügen und Ingwer leicht anbräunen. Die gemahlenen Gewürze in den Sud rühren und mitbraten, bis sich das Aroma entfaltet hat.
6. Dann Reis, Mung Dal und das Gemüse mit dem Gewürzsud vermischen.
7. Das Wasser hinzufügen und das Khichari zum Kochen bringen. Anschließend Hitze reduzieren, bei schwacher Hitze 25 – 30 Minuten köcheln lassen, bis der Dal weich ist.
8. Zum Schluss salzen und mit Basilikum oder Petersilie dekorieren.

Dieses Khichari ist speziell für den **Kapha**-Typ geeignet. **Kapha** sollte kein zusätzliches Ghee über das Gericht geben und wenig salzen.

Khichari für alle Typen

45 Minuten + Einweichzeit

1 Becher gelber Mung Dal
1 Becher Basmatireis
1 Fenchelknolle
1 Karotte
300 g Mangold
1 TL Ghee
1 TL Kreuzkümmel
1 TL Fenchelsamen
1 TL frisch zermörserten Koriandersamen
1 TL frisch geriebener Ingwer
½ TL Kardamom
½ TL Kurkuma
4 – 5 Becher Wasser
½ TL Steinsalz
Oreganoblättchen zum Garnieren

1. Mung Dal waschen und 2 – 4 Stunden einweichen, anschließend abgießen und abtropfen lassen.
2. Reis waschen und abtropfen lassen.
3. Fenchel und Karotte schälen und in mundgerechte Stücke würfeln.
4. Mangold putzen, waschen und in Streifen schneiden.
5. Ghee auf niedriger Stufe erwärmen, Samen hinzugeben und anbraten, bis sie beginnen zu springen.
6. Frisch geriebenen Ingwer hinzufügen und leicht anbräunen.
   Die gemahlenen Gewürze in den Sud rühren und mitbraten, bis sich das Aroma entfaltet hat.
7. Dann Reis, Mung Dal und das Gemüse mit dem Gewürzsud vermischen.
8. Das Wasser hinzufügen und Khichari zum Kochen bringen, Hitze reduzieren und bei schwacher Hitze 25 – 30 Minuten köcheln lassen, bis der Dal weich ist.
9. Zum Schluss salzen und mit Oregano dekorieren.

Dieses Khichari ist für alle Typen geeignet. **Pitta** und **Vata** können sich vor dem Servieren noch etwas Ghee darüber träufeln. **Kapha** sollte kein zusätzliches Ghee verwenden.

Dinkel-Gemüsepizza

Für den Teig:
250 g fein geschrotetes Dinkelmehl
1 TL Pani Puri Masala
2 EL Olivenöl
etwas Wasser

> 55 Minuten

Zum Bestreichen:
Olivenöl
gewürzte Tomatensauce (siehe Seite 34)

Für den Belag:
½ Hokkaido-Kürbis
2 rote Paprika
1 Pastinake
3 mittlere Kartoffeln
1 – 2 TL Ghee
1 TL Salz
1 gestrichener TL Kurkuma
2 TL Kräuter der Provence
1 Zwiebel
10 – 20 g Parmesan
etwas grüner Pfeffer

1. Dinkelmehl, Pani Puri Masala, Olivenöl und Wasser zu einem Knetteig verarbeiten. Wasser nur portionsweise hinzufügen und nur so viel, dass ein elastischer, aber nicht zu feuchter Teig entsteht. Der Teig darf nicht zu feucht sein, sonst lässt er sich auf dem Backblech schlecht ausrollen.
2. Ein Backblech einölen und den Teig mit einem Nudelholz ausrollen.
3. Mit etwas Olivenöl und Tomatensauce bestreichen.
4. Hokkaido und Paprika waschen, putzen und in kleine Würfel schneiden. Pastinake und Kartoffeln schälen und ebenfalls in Würfel schneiden.

5. 1 – 2 TL Ghee in einem Topf bei niedriger Temperatur erwärmen, Salz, Kurkuma und anschließend die Kräuter der Provence hinzugeben. Zwiebel fein würfeln und nach einer Minute zu den Gewürzen geben und glasig dünsten.
6. Dann das Gemüse hineingeben und etwa 10 Minuten weich werden lassen.
7. Das Gemüse auf dem Teig verteilen und mit Parmesan bestreuen.
8. Pizza bei 175 °C etwa 20 – 25 Minuten backen. Der Boden sollte durchgebacken und knusprig sein.
9. Kurz vor dem Servieren etwas grünen Pfeffer darüber geben.

Mein Mann findet die Pizza ausgezeichnet und drängte mich, das Rezept unbedingt in mein Kochbuch aufzunehmen. Lassen Sie es sich schmecken.
Da die Pizza mit wenig Käse zubereitet wird, ist sie im Vergleich zu gewöhnlichen Pizzen für alle Typen leichter zu verdauen. **Kapha** sollte das Gemüse scharf würzen oder Gemüse wie Blumenkohl, Spinat oder Mais wählen, da sie seinem Dosha entsprechend günstiger sind. **Vata** kann beim Bestreichen der Pizza mehr Öl verwenden.

Amaranth-Quinoa-Getreide mit Parmesan

35 Minuten

1 Tasse Amaranth
1 Tasse Quinoa
5 Tassen Wasser
1 TL Salz
Öl für das Backblech
10 – 20 g Parmesan, frisch gerieben
Paprikapulver

1. Amaranth und Quinoa mit dem Wasser zum Kochen bringen und bei niedriger Temperatur etwa 20 Minuten quellen lassen.
2. Nach Bedarf salzen.
3. Getreidebrei auf einem mit Öl eingefettetem Backblech ausstreichen und mit etwas Parmesan bestreuen.
4. Mit Paprikapulver garnieren und für etwa 10 Minuten im vorgeheizten Backofen bei 175 °C backen.

> Amaranth und Quinoa sind ideale Getreidearten zum Abendessen und schmecken mit einer Gemüsesauce hervorragend. Wenn Sie keinen Parmesan verwenden möchten, dann können Sie das Getreide auch mit einer Tomatenpaste bestreichen und Kräuter der Provence darüber streuen. Vor allem **Kapha** ist zu empfehlen, diese Variante zu wählen.
> Für **Kapha** und **Vata** sind die Getreidearten gut geeignet, **Pitta** sollte Quinoa und Amaranth nur in Maßen verzehren.

Gemüsegerichte

Gemüse wird im Ayurveda meistens in einem Sud aus Ghee und Gewürzen langsam und sanft angebraten. Es wird in der Regel erhitzt verspeist und seltener oder nur in kleinen Mengen roh gegessen.
Rohkost benötigt viel Verdauungsenergie und wird daher nicht von jedem vertragen.
Mit schonend zubereitetem Gemüse fühle ich mich viel besser und friere wesentlich weniger als mit Rohkost.

Topinamburpüree

> 25 Minuten

4 größere Topinamburknollen
1 Karotte
4 mittlere Kartoffeln
1 Tasse Wasser
1 kleine Knoblauchzehe, gehackt
1 TL Paprika
¼ TL Salz
frische Petersilie

1. Das Gemüse schälen und in größere Würfel schneiden.
2. Gemüse mit dem Wasser zum Kochen bringen. Temperatur reduzieren und das Gemüse garen.
3. Knoblauch und Gewürze zum Gemüse geben und alles zusammen pürieren.
4. Gemüsepüree etwa 2 Minuten ziehen lassen.
5. Zum Schluss mit der frischen Petersilie dekorieren. Fertig ist ein wohlschmeckendes Püree.

> Topinambur ist gut für **Kapha** und **Pitta** geeignet. Ganz besonders ideal ist das Gemüse für Diabetiker, die regelmäßig Topinambur unter ihr Gemüse mischen sollten. **Vata** sollte dieses Gemüse nur in Maßen verzehren.

Kürbisgemüse

20 Minuten

1 mittlerer Hokkaido-Kürbis
2 TL Ghee
1 EL frisch geriebener Ingwer (die Schale vor dem Reiben entfernen)
2 gestrichene TL getrockneter, fein geriebener Basilikum
1 TL frisch gemahlener Koriandersamen
1 gestrichener TL Kurkuma
1 TL Currypulver
1 TL Salz
1 MSP geriebene Muskatnuss

1. Hokkaido waschen, vierteln, Kerne entfernen. Kürbisspalten in mundgerechte Würfel schneiden.
2. Ghee in einem Topf bei niedriger Temperatur erwärmen.
3. Frisch geriebenen Ingwer hinzugeben und anbräunen.
4. Basilikum und die restlichen Gewürze in das Ghee geben.
5. Wenn die Gewürze ihr Aroma entfaltet haben, den in Würfel geschnittenen Kürbis hinzugeben und bei niedriger Temperatur weich garen.

Der Hokkaido-Kürbis braucht nicht geschält zu werden, sondern kann mit der Schale gekocht werden. Dies gibt dem Kürbis seinen nussigen Geschmack. Für **Vata** und **Pitta** ein herrliches Gemüse. Da der Hokkaido **Kapha** erhöht, dürfen **Kaphas** diesen Kürbis schärfer würzen und können z. B. die Currymenge erhöhen.

Süßkartoffelpüree mit Muskatnuss

2 l Wasser
½ TL Salz
500 g Süßkartoffeln
¼ TL geriebene Muskatnuss
2 MSP gemahlene Nelken
1 Schuss Schlagsahne

25 Minuten

1. Wasser zum Kochen bringen und erst dann salzen. Die Süßkartoffel waschen und in dem kochendem Salzwasser weich kochen (Gabeltest).
2. Die Kartoffeln abgießen und die Schale abziehen.
3. Süßkartoffel pürieren und Gewürze und Sahne hinzugeben.

Die Süßkartoffel ist wie der Kürbis ein ideales Gemüse für **Vata** und **Pitta**. Für **Kapha** ist die Süßkartoffel nicht geeignet oder sie muss für diesen Typ besonders scharf mit Pfeffer oder Chili gewürzt werden.

Sauerkraut

2 EL Ghee
2 gestrichene TL Wacholderbeeren
1 TL Schwarzkümmel
1 gestrichener TL grüner Pfeffer, frisch zermörsert
½ TL Salz
1 rote Paprika
500 g Sauerkraut
etwas Wasser
etwas Schlagsahne

35 Minuten

1. Ghee im Topf bei niedriger Temperatur erwärmen und mit den Gewürzen ein Gewürzfotni herstellen. Dazu zuerst die ganzen Samen in das Ghee geben, anschließend die gemahlenen.
2. Die rote Paprikaschote putzen, waschen und in Würfel schneiden.
3. Paprikawürfel und das Sauerkraut zum Gewürzfotni hinzugeben.
4. Mit wenig Wasser ablöschen und das Gemüse etwa 25 Minuten dünsten.
5. Mit Sahne abschmecken.

Dieses Rezept entstand auf Wunsch einer Teilnehmerin meiner Kochkurse, die für ihr Leben gerne Sauerkraut isst. Im Winter ist Sauerkraut unverzichtbar, enthält es doch viel Vitamin C. Trotz seines säuerlichen Geschmacks wirkt Sauerkraut ausgleichend auf **Pitta** und **Kapha**. **Vata** sollte die individuell verträgliche Menge ausprobieren.

Grünkohl mit Orangenstreifen

400 g Grünkohl
4 Kartoffeln
2 EL Sonnenblumenöl
¼ l Gemüsebrühe
1 gestrichener TL gemahlener Pfeffer
¼ TL geriebene Muskatnuss
½ TL gemahlener Kreuzkümmel
1 unbehandelte Orange
150 ml Schlagsahne
2 EL Mandelblättchen

60 Minuten

1. Grünkohl waschen und klein schneiden.
2. Kartoffeln schälen, in kleine Stücke schneiden und mit dem Grünkohl in heißem Öl 5 Minuten andünsten.
3. Mit heißer Gemüsebrühe ablöschen und alles etwa 30 – 40 Minuten weich kochen.
4. Das Gemüse pürieren und mit Gewürzen und Saft von ½ Orange abschmecken.
5. Sahne steif schlagen, 4 TL zur Garnitur übrig lassen, den Rest unter das Püree ziehen.
6. Mandelblättchen ohne Fett in der Pfanne rösten.
7. Püree in eine Schüssel geben und mit Sahne, dünn abgeriebenen Orangenschalen und Mandelblättchen garnieren.

Das ist eine der wenigen Grünkohlgemüsegerichte, die auch ich in Maßen gerne esse. Als **Vata** muss ich schließlich bei Kohlgerichten immer vorsichtig sein und darf nicht zu viel davon essen. Ich helfe mir auch dadurch, indem ich Kohlgerichte länger und gut weich koche. Für **Pitta** und **Kapha** ist Grünkohl gut geeignet.

Chicorée-Tomaten-Gemüse

3 Chicorée
2 Tomaten
1 – 2 TL Ghee
½ TL Zimt
½ TL gemahlener Anis
½ TL gemahlener Koriandersamen
1 MSP gemahlene Bourbon-Vanille
½ – 1 TL Salz

20 Minuten

1. Chicoree waschen, vom bitteren Strunk befreien und in Scheiben schneiden. Tomaten waschen und würfeln.
2. Ghee in einem Topf bei niedriger Temperatur erwärmen und Gewürze zufügen. Gemahlene Gewürze brauchen nur eine Minute, um ihr Aroma und ihre Heilwirkung zu entfalten.
3. Geschnittene Tomaten zu den Gewürzen geben und gut köcheln, bis sie zerfallen und einen Sud ergeben.
4. Erst dann den Chicorée hinzugeben und das Ganze weitere 10 Minuten bei niedriger Temperatur köcheln lassen.

Das Bittere des Chicoree wird durch die süßlichen Gewürze und das Süßlich-Säuerliche der Tomaten abgemildert. Chicorée ist für **Kapha** und **Pitta** ein ganz hervorragendes Gemüse. **Vata** sollte hiervon nicht so viel essen.

Feines Grünkohlgemüse

45 Minuten

600 g Grünkohl
etwas Wasser
2 TL Ghee
1 TL Salz
1 TL gemahlener Kreuzkümmel
¼ TL Asafoetida
1 gestrichener TL Kurkuma
¼ TL Cayennepfeffer
½ TL gemahlener schwarzer Pfeffer
2 EL Kokoscreme oder
    Panir aus 1 l Milch (s. Zubereitung S. 32)
Zitronensaft zum Abschmecken

1. Grünkohl waschen, klein schneiden und in einen Topf geben. Etwas Wasser hinzugeben und den Grünkohl etwa 30 – 40 Minuten weich kochen. Anschließend pürieren.
2. Für das Gewürzfotni das Ghee in einem Topf vorsichtig erwärmen. Die Gewürze hinzufügen und eine Minute das Aroma der Gewürze entfalten lassen.
3. Püriertes Grünkohlgemüse zum Gewürzfotni geben und die Kokoscreme im Püree auflösen.
4. Statt Kokoscreme können Sie auch Panir unter das Püree rühren und alles mit etwas Zitronensaft abschmecken.

> Der Grünkohl schmeckt durch die Kokoscreme oder den Panir weniger bitter als üblich und erhält eine cremige Konsistenz. **Vata** sollte Grünkohl in Maßen essen und gut mit Asafoetida und Kreuzkümmel würzen. Bei Kokoscreme und Panir sollte **Kapha** zurückhaltend sein oder beides ganz weglassen.

Steckrüben in Joghurtsauce

500 g Steckrüben
2 TL Ghee
1 TL Salz
2 gestrichene TL gemahlener Kreuzkümmel
¼ TL Asafoetida
1 TL Kurkuma
1 TL süßes Paprikapulver
¼ TL Cayennepfeffer
etwas Wasser
150 g Naturjoghurt
etwas Zitronensaft
Pfeffer
frische Kräuter wie Dill oder Petersilie

30 Minuten

1. Steckrüben schälen und in mundgerechte Würfel schneiden.
2. Ghee in einem Topf bei niedriger Temperatur erwärmen und Gewürze hinzufügen. Nach einer Minute entfalten die Gewürze ihr Aroma und ihre Heilwirkungen.
3. Die Rüben in das Gewürzfotni geben, mit etwas Wasser ablöschen und etwa 20 Minuten garen.
4. Den Joghurt anschließend unter das Gemüse heben. Mit etwas Zitronensaft, Pfeffer und frischen, gehackten Kräutern abschmecken.

Dill schmeckt besonders gut zu den Steckrüben. Die Steckrübe oder auch Kohlrübe ist eine sehr alte Gemüseart, die leider in Vergessenheit geraten ist. Sie ist nur im Winter erhältlich.
Wie bei allen Kohlsorten sollte **Vata** gut mit Asafoetida und Kreuzkümmel würzen.
Pitta und **Kapha** vertragen Steckrüben gut. Beide können auch etwas weniger Joghurt verwenden.

Pastinakenpüree mit Rosmarin

400 g Pastinaken
100 g Möhre
1 – 2 TL Ghee
1 TL Rosmarinnadeln
1 Tasse Wasser
1 gestrichener TL Salz
Pfeffer
Pistazien, gehackt

20 Minuten

1. Gemüse schälen und in größere Scheiben schneiden.
2. Ghee in einem Topf erwärmen und die Rosmarinnadeln darin rösten, bis ein herrlicher Duft entströmt.
3. Gemüse zugeben, mit Wasser ablöschen und das Wurzelgemüse weich kochen.
4. Gemüse pürieren, mit Salz und Pfeffer abschmecken und mit gehackten Pistazien garnieren.

Pastinaken sind ein herrlich süßlich schmeckendes Gemüse und aus diesem Grund besonders gut für **Vata** und **Pitta**. Um einen Kontrast zu ihrer Süße zu schaffen, habe ich mich bei diesem Gericht für Rosmarinnadeln entschieden, die für **Kapha** sehr gut geeignet sind. Da Rosmarin **Pitta** erhöht, kann ein **Pitta** weniger davon nehmen oder stattdessen Petersilie verwenden.

Kartoffel-Sellerie-Paprika-Gemüse

25 Minuten

1 große grüne Paprika
1 kleine Sellerieknolle (ca. 300 g)
4 Kartoffeln
2 TL Ghee
1 TL Rosmarinnadeln
1 TL getrockneter fein geriebener Basilikum
½ Tasse Wasser
1 gestrichener TL Salz

1. Paprika putzen, waschen und klein schneiden.
2. Sellerie und Kartoffeln schälen und in mundgerechte Würfel schneiden.
3. Ghee im Topf bei niedriger Temperatur erwärmen, Gewürze 2 Minuten darin rösten, bis sich das Aroma und die Heilwirkungen entfalten.
4. Gemüse hinzugeben, mit Wasser ablöschen und zugedeckt etwa 15 Minuten weich dünsten.
5. Mit Salz abschmecken.

Gerne kombiniere ich verschiedenste Gemüsesorten und lasse mich dabei von ihren unterschiedlichen Farben inspirieren. Diese Gemüsemischung ist gut für **Pitta** und **Kapha** geeignet, weniger für **Vata**. Trotzdem esse ich die Kombination sehr gerne, aber wieder nur in Maßen.

Pak Choi mit getrockneten Tomaten

350 – 400 g Pak Choi
20 getrocknete Tomaten
3 Karotten (250 g)
1 Becher Wasser
Pfeffer

25 Minuten

1. Pak Choi waschen, putzen und klein schneiden.
2. Tomaten in Streifen schneiden.
3. Karotten schälen und in Scheiben schneiden.
4. Das Gemüse mit dem Wasser in einem Topf aufsetzen und bei mittleren Temperaturen 15 Minuten dünsten, bis es weich ist.
5. Mit Pfeffer abschmecken.

Ein wunderbares Gericht für **Kapha**. Pak Choi, eine Mischung aus Mangold und Chinakohl, ist nur im Frühjahr zu bekommen. Sie finden das Gemüse vor allem bei Marktständen oder Geschäften mit Gemüse aus biologischem Anbau. In meinen Kochkursen biete ich dieses Gericht an, wenn ich auch für den **Kapha** etwas dabeihaben möchte. Für **Vata** und **Pitta** ist es durch die Art der Zubereitung häufig viel zu leicht und sie springen nach dem Essen sofort auf. Durch den Zusatz von Crème fraîche lässt sich diese Wirkung auf beide Typen ausgleichen.

Karotten-Fenchel-Gemüse mit Zitronenmelisse

40 Minuten

200 g Fenchelknollen
300 g junge Karotten
½ Tasse Wasser
1 – 2 TL Miso
1 EL Rotweinessig
4 EL kaltgepresstes Nussöl
1 TL Senf
schwarzer Pfeffer
½ TL gemahlener Kreuzkümmel
¼ TL gemahlener Koriandersamen
1 EL gehackte Zitronenmelisse
1 EL gerösteter Sesam

1. Fenchel waschen, putzen und würfeln.
2. Karotten schälen und in Scheiben schneiden.
3. Fenchel und Karotten mit Wasser und Miso bei mittlerer Temperatur 10 Minuten sanft köcheln.
4. Essig, Öl, Senf und die Gewürze verrühren.
5. Das Gemüse nach 10 Minuten mit der Mischung ablöschen und nochmals etwa 10 Minuten weiterköcheln.
6. Sesam in einer Pfanne ohne Fett anrösten und über das Gemüse streuen.

Eine sehr interessant schmeckende Gemüse- und Gewürzkombination, die viele Geschmacksrichtungen (süß, sauer, scharf, salzig) abdeckt. Die Zitronenmelisse gibt dem Ganzen einen erfrischend zitronigen Geschmack. Dieses Gericht bekommt allen Typen gut.

Gekochte Maiskolben

2 – 3 l Wasser
4 Maiskolben

10 Minuten

1. Wasser in einem größeren Topf zum Kochen bringen.
2. Maiskolben schälen, ins kochende Wasser geben und etwa 5 Minuten kochen.

Mit einer Scheibe Butterbrot sind Maiskolben ein wohlschmeckendes und schnelles Abendessen. Allerdings sollte **Vata** Mais aufgrund seiner trockenen Eigenschaften nur gelegentlich essen oder Butter oder Ghee darauf streichen. Ich mag ihn wegen seiner Süße sehr, merke aber, dass zu viel des Guten nichts für mich ist. **Kapha** und **Pitta** dürfen hiervon mehr essen.

Brokkoli mit Tomate und Schafskäse

35 Minuten

1 Zwiebel
2 TL Ghee
1 TL Currypulver
½ TL gemahlener Koriander
1 TL Paprikapulver
½ TL Pfeffer
1 MSP geriebene Muskatnuss
450 g Brokkoli
2 Tomaten
150 g Schafskäse

1. Zwiebel schälen und fein hacken.
2. Ghee in einem Topf bei niedriger Temperatur erwärmen und die Zwiebel darin glasig dünsten.
3. Die Gewürze hinzugeben, mit den Zwiebeln verrühren und warten, bis sich das Aroma der Gewürze entfaltet.
4. Tomaten klein schneiden, unter die Zwiebelgewürzmischung rühren und etwa 10 – 15 Minuten köcheln.
5. Brokkoli putzen und waschen, die Röschen in den Topf geben und so lange im Sud dünsten, bis der Brokkoli al dente ist (etwa fünf Minuten).
6. Zum Schluss den Schafskäse darüber krümeln, unter das Gemüse heben und weitere 5 Minuten durchziehen lassen.

Je länger Sie die Zwiebel andünsten, desto besser für **Vata**. Von Brokkoli sollte **Vata** wieder weniger essen, dafür ist Brokkoli sehr gut für **Kapha**. Und auch **Pitta** kann Brokkoli gut vertragen. Dieses Gemüse ist wegen des Schafskäses am besten für ein Mittagessen geeignet. In dieser Zeit ist das Verdauungsfeuer am stärksten.

Kartoffel-Fenchel-Auflauf

60 Minuten

4 große Kartoffeln
2 kleine Fenchelknollen
1 – 2 TL Ghee
½ TL Thymian
½ TL Rosmarin
1 TL gemahlener Kreuzkümmel
1 Zwiebel
200 ml Schlagsahne
250 ml Wasser,
1 gepresste Knoblauchzehe
½ TL grüner Pfeffer
½ TL Salz

1. Kartoffeln schälen und wie den Fenchel in schmale Scheiben schneiden.
2. Gemüse in eine Auflaufform schichten.
3. Ghee in einem Topf bei niedriger Temperatur erwärmen. Gewürze hineinrühren und warten, bis sich das Aroma der Gewürze entfaltet.
4. Fein geschnittene Zwiebel im Gewürzsud glasig dünsten und über dem Gemüse verteilen.
5. Sahne mit dem Wasser mischen, Knoblauch, Pfeffer und Salz hineinrühren und über das Kartoffel-Fenchel-Gemüse gießen.
6. Bei 200 °C (Heißluft 180 °C) etwa 45 Minuten backen.

Ein Gemüsegericht für alle drei Doshas. Fenchel ist für **Vata** sehr gut geeignet, aber auch für **Pitta** und **Kapha** gut verträglich. Kartoffeln sind für **Kapha** und **Pitta** gut. **Vata** sollte Kartoffeln nur gelegentlich verspeisen. Der Auflauf ist mit einem leichten Getreide wie Hirse oder Amaranth und Quinoa kombiniert ein ideales Abendessen. Als Mittagessen kann es mit Reis und Dal kombiniert werden.

Tomaten-Mangold-Gemüse mit Panir

30 Minuten

500 g Mangold
2 Tomaten
1 – 2 TL Ghee
1 TL Koriandersamen, frisch zermörsert
½ TL Kurkuma
½ TL Currypulver
¼ TL Cayennepfeffer
2 Prisen Asafoetida
1 TL Salz
½ TL Roh-Rohrzucker
Panir aus 1 l Milch (siehe Seite 32)

1. Mangold und Tomaten waschen. Beim Mangold die Enden abschneiden und entfernen. Den Rest klein schneiden. Die Tomaten vierteln.
2. Ghee in einem Topf bei niedriger Temperatur erwärmen und die Gewürze hinzufügen.
3. Wenn sich das Aroma der Gewürze entfaltet hat, das Gemüse hinzugeben und mit den Gewürzen mischen.
4. Den Topf verschließen und alles bei mittlerer Temperatur 15 Minuten weich dünsten.
5. In der Zwischenzeit den Panir zubereiten (s. S. 32).
6. Wenn das Gemüse weich ist, den Panir darüber streuen und weitere 5 Minuten auf der ausgeschalteten Platte ziehen lassen.

Wenn ich Mangold zubereite, brauche ich zum Essen ein gehaltvolleres Dessert oder ich füge dem Mangold zum Ausgleich Panir hinzu. Mangold ist ein sehr leichtes Gemüse und nach dem Verzehr dieses Gemüses habe ich das Gefühl abzuheben, wenn nicht genug Panir dabei war. Ansonsten ist Mangold gut gewürzt auch für **Vata** in Maßen verträglich und ein wunderbares Gemüse für **Pitta** und **Kapha**. **Kapha** kann den Panir auch gerne weglassen oder reduzieren.

Paprika-Tomaten-Sprossen-Gemüse

30 Minuten

1 TL Ghee
1 TL Olivenöl
1 Zwiebel
1 TL Salz
1 gepresste Knoblauchzehe
½ TL Oregano
½ TL Majoran
½ TL Pfeffer
1 MSP Currypulver
4 rote Paprika
3 Tomaten
1 Hand voll Sprossen

1. Ghee und Olivenöl in einem Topf bei niedriger Temperatur erwärmen.
2. Zwiebel in Halbringe schneiden und mit dem Salz im Fett glasig dünsten.
3. Knoblauch und Gewürze hinzugeben und 2 Minuten durchziehen lassen.
4. Paprika und Tomaten waschen, putzen und in Würfel schneiden. In den Topf geben und den Topf schließen, etwa 15 Minuten auf mittlerer Stufe köcheln lassen.
5. Ganz zum Schluss die Sprossen unterrühren und weitere 5 Minuten bei abgeschalteter Platte durchziehen lassen.

Ein ideales Sommergemüse, leicht und durch die Sprossen mit einem bitteren Geschmack. Der bittere Geschmack ist für **Pitta**- und **Kapha**-Konstitutionen sehr zu empfehlen.

Kürbisgemüse

1 mittlerer Hokkaido-Kürbis (600 g)
1 – 2 TL Ghee
1 EL frisch geriebener Ingwer
1 TL frisch gemahlener Koriandersamen
½ TL Kurkuma
1 TL Currypulver
½ TL Salz
¼ TL geriebene Muskatnuss

(25 Minuten)

1. Kürbis waschen, vierteln, Kerne entfernen und in mundgerechte Würfel schneiden.
2. Ghee in einem Topf bei niedriger Temperatur erwärmen, Gewürze darin anrösten. Zuerst den Ingwer anbräunen, anschließend die gemahlenen Gewürze hinzugeben.
3. Wenn sich das Aroma der Gewürze entfaltet hat, Kürbis in den Gewürzsud rühren.
4. Topf verschließen und alles bei niedriger Temperatur weich garen.

Hokkaido wird mit Schale gekocht und auf keinen Fall geschält. Dies gibt dem Kürbis seinen unvergleichlichen Geschmack. Hokkaido ist den ganzen Winter bis ins Frühjahr hinein erhältlich und bringt Geschmack und Farbe in die Herbst- und Winterküche.
Dieser Kürbis schmeckt sehr süßlich, **Kapha** sollte ihn gut scharf zubereiten.
Für **Vata** und **Pitta** ist die angegebene Gewürzmenge ausreichend.

Gemüsegerichte

Spitzkohlgemüse

> 50 Minuten

1 mittlerer Spitzkohl (450 g)
1 – 2 TL Ghee
1 gestrichener TL schwarzer Kreuzkümmel
½ TL Kurkuma
1 TL Paprikapulver
1 MSP Chilipulver
½ TL Salz
2 – 3 Tomaten
4 EL Wasser
1 gepresste Knoblauchzehe

1. Spitzkohl halbieren, den harten Strunk herausschneiden und entfernen. Kohlblätter waschen und in Streifen schneiden.
2. Ghee im Topf bei niedriger Temperatur erwärmen.
3. Schwarzen Kreuzkümmel 1 – 2 Minuten darin rösten und danach die gemahlenen Gewürze hinzufügen.
4. Tomaten waschen, vierteln, Stielansatz entfernen. Wenn sich das Aroma der Gewürze entfaltet hat, Tomaten hineingeben und köcheln lassen.
5. Nach 5 Minuten Spitzkohl und das Wasser hinzufügen und im geschlossenen Topf schmoren.
6. Gemüse 25 – 35 Minuten köcheln, bis der Spitzkohl gut weich ist.
7. Zum Schluss die Knoblauchzehe unterrühren und das Gemüse 5 Minuten durchziehen lassen.

Nach diesem Rezept können Sie auch Weißkohl zubereiten. Generell gilt bei allen Kohlsorten: **Vata** sollte Kohl sehr weich kochen und nur wenig davon nehmen. Die beiden anderen Typen vertragen Kohl sehr gut. Für **Kapha** sind Kohlsorten ausgesprochen empfehlenswert.

Gurken in Tomatensauce

1 Gurke
1 TL Ghee
1 TL Olivenöl
1 gestrichener TL Tandoori Masala
3 – 4 EL gewürzte Tomatensauce (siehe Seite 34)
½ TL Steinsalz

20 Minuten

1. Die Gurke in Würfel schneiden.
2. Ghee mit dem Öl in einem Topf bei niedriger Temperatur erwärmen. Tandoori Masala hineingeben und das Aroma des Gewürzes entfalten lassen.
3. Gurkenwürfel und Tomatensauce dazugeben und bei mittlerer Temperatur im geschlossenen Topf köcheln, bis die Gurke weich ist.
4. Das Gemüse mit Salz abschmecken.

Dieses Gericht ist äußerst schnell und einfach zu zubereiten. Gurken sind für **Vata** ideal, wenn sie warm serviert werden. Roh sind Gurken für **Vata** weniger verträglich. Dieser Typ beginnt recht schnell nach dem Verzehr von Rohkost zu frieren. **Kapha** sollte bei Gurken vorsichtiger sein, denn die wässrigen und kühlenden Anteile der Gurke sind recht hoch. Für **Pitta** sind Gurken sehr gut zu vertragen und er kann sie auch roh verzehren. Im Sommer kühlt die Gurke diesen Typ angenehm.

Rote-Bete-Kohlrabi-Lauch-Gemüse

35 Minuten

1 Stange Lauch
1 Rote Bete
1 Kohlrabi
1 – 2 TL Ghee
½ TL gemahlener Liebstöckel
½ TL Steinsalz
1 TL gemahlener Kreuzkümmel
evtl. ½ Tasse Wasser

1. Lauch putzen, waschen und in Ringe schneiden.
2. Rote Bete und Kohlrabi schälen und in mundgerechte Würfel schneiden.
3. Ghee in einem Topf bei niedriger Temperatur erwärmen. Liebstöckel darin anrösten. Dann Salz und Kreuzkümmel in das Fotni geben.
4. Lauch im Gewürzsud etwa 5 Minuten andünsten.
5. Rote Bete und Kohlrabi hinzugeben und das Gemüse bei mittlerer Temperatur weich köcheln. Eventuell mit wenig Wasser ablöschen.

Diese Gemüsekombination spricht besonders **Vata** und **Kapha** an. Die Rote Bete eignet sich sehr gut für **Vata**, denn sie erdet sehr schön und gibt dem Körper Wärme. Die Kohlrabi kann sehr gut von **Kapha** und gelegentlich von **Pitta** verzehrt werden. Lauch wird **Kapha**-Typen empfohlen.

Zucchini-Tomaten-Gemüse provençale

2 Zucchini (500 g)
2 Tomaten
2 TL Ghee oder Olivenöl
1 TL Currypulver
2 gestrichene TL Kräuter der Provence
Salz

> 30 Minuten

1. Zucchini waschen und in Würfel, Scheiben oder Streifen schneiden.
2. Tomaten waschen und vierteln, Stielansatz entfernen.
3. Ghee in einem Topf bei niedriger Temperatur erwärmen und mit den Gewürzen ein Fotni zubereiten.
4. Tomaten im Gewürzsud weich köcheln.
5. Nach etwa 10 Minuten die Zucchini hinzufügen und weitere 10 Minuten bei niedriger Temperatur weich dünsten.

Zucchini sind schnell zubereitet und ein ideales Gemüse für **Vata** und **Pitta**. Sie sind weich und feucht und schnell gar. **Kapha** sollte auf Zucchini besser verzichten.

Bohnengemüse mit Kokos

500 g Stangenbohnen
4 Tomaten
1 TL Ghee
1 – 2 EL Kokoscreme
2 TL frisch geriebener Ingwer
1 TL Currypulver
etwas Bohnenkraut
Salz

45 Minuten

1. Bohnen waschen und putzen. Dafür die Enden an beiden Seiten abschneiden und die Bohnen je nach Länge halbieren. Tomaten waschen und vierteln. Eventuell vorher mit heißem Wasser überbrühen und die Haut abziehen.
2. Ghee und Kokoscreme in einem Topf bei niedriger Temperatur erwärmen.
3. Zuerst Ingwer hineingeben und etwas anbräunen. Danach die restlichen Gewürze hinzufügen und mit der Ghee-Kokos-Mischung verrühren.
4. Die Tomaten 5 – 10 Minuten im Sud weich dünsten.
5. Bohnen hinzugeben und im Tomatensud 20 – 25 Minuten garen.

Bohnen gibt es in der Sommerzeit. Sie sind für alle Doshas empfehlenswert und schmecken mit Tomaten und Kokoscreme einfach herrlich.

Hülsenfrüchtegerichte

In Indien werden Hülsenfrüchte wie getrocknete Bohnen und Linsen Dal genannt und täglich vom Frühstück bis zum Abendessen gegessen. Im Ayurveda sind sie die wichtigsten Eiweißspender. Mindestens zwei bis drei Mal pro Woche und am besten noch häufiger sollten Sie Hülsenfrüchte essen. Sie liefern dem Körper viele Ballaststoffe und andere wertvolle Inhaltsstoffe. Vor der Zubereitung sollten Sie die Bohnen immer waschen und mehrere Stunden oder am besten über Nacht einweichen. Linsen brauchen Sie nicht einzuweichen.

Sojabohnenpüree

1 Tasse Sojabohnen
2 Curryblätter
1 – 2 TL Ghee
1 TL Senfkörner
1 TL scharfes Currypulver
1 MSP Chilipulver
½ TL Salz
etwas Zitronensaft
1 Tomate

> 35 Minuten
> + Einweichzeit

1. Sojabohnen waschen und über Nacht in Wasser einweichen.
2. Am nächsten Tag Sojabohnen mit den Curryblättern in frischem Wasser im Schnellkochtopf aufsetzen und etwa 20 Minuten garen. Anschließend die Bohnen pürieren.
3. Ghee in einem Topf bei niedriger Temperatur erwärmen. Zuerst die Senfkörner hinzugeben und die Körner im geschlossenen Topf erhitzen, bis sie nicht mehr springen.
4. Danach die restlichen Gewürze hinzugeben.
5. Sojabohnenpüree in das Gewürzfotni rühren und etwa 5 Minuten ziehen lassen.
6. Eventuell mit Salz und Zitronensaft abschmecken.
7. Die Tomate fein würfeln und das Püree damit garnieren.

Sojabohnen sind für **Pitta**-Typen am besten geeignet. **Vata** sollte keine Sojabohnen zu sich nehmen und **Kapha** nur gelegentlich. Diese beiden Typen vertragen die Bohnen in Form von warmem Tofu oder Sojamilch besser.

Hummus

1 Tasse Kichererbsen
1 Tasse Wasser
2 EL Sesammus (Tahin)
½ Limone
3 EL Olivenöl
½ gepresste Knoblauchzehe
Pfeffer
Salz

25 Minuten + Einweichzeit

1. Kichererbsen waschen und über Nacht in Wasser einweichen.
2. Einweichwasser abgießen und Kichererbsen mit dem Wasser im Schnellkochtopf etwa 20 Minuten (im normalen Topf mit 3 – 4 Tassen Wasser etwa 40 Minuten) weich kochen.
3. Die Kichererbsen abgießen und pürieren.
4. Limone auspressen und mit Tahin, Olivenöl, Knoblauch und den Gewürzen zum Püree geben und fein pürieren.

Einfach köstlich und besonders gut für **Kapha**, aber auch für **Pitta**. **Vata** sollte vorsichtig sein. Ich liebe Hummus trotzdem, weiche die Kichererbsen sehr lange ein (länger als zwölf Stunden) und koche sie lange. Danach lasse ich mich ausnahmsweise gerne plagen oder gleiche die Wirkung der Kichererbsen mit mehr Tahin, Olivenöl und einer Prise Asafoetida aus.

Rote Linsen

30 Minuten

1 Tasse rote Linsen
3 Tassen Wasser
1 TL Kurkuma
4 Lorbeerblätter
eventuell 1 EL Ghee für das Kochwasser
1 – 2 TL Ghee
1 TL frisch geriebener Ingwer
1 gestrichener TL gemahlener Kreuzkümmel
½ TL gemahlener Fenchelsamen
1 kleine Chilischote
½ TL gemahlener Koriandersamen
¼ TL Asafoetida
¼ TL gemahlener Anis
1 TL Salz
1 TL frische, gehackte Korianderblätter

1. Linsen waschen und mit Kurkuma und Lorbeerblättern im Wasser zum Kochen bringen. Bei niedriger Temperatur teilweise bei geschlossenem Topf 20 Minuten köcheln lassen, dabei gelegentlich den Schaum abschöpfen (eventuell Ghee dazugeben, um die Schaumbildung zu verringern).
2. Ghee in einem Topf bei niedriger Temperatur erwärmen, den Ingwer hineingeben, anbräunen und anschließend die frisch zermörserten Samen und die pulverisierten Gewürze dazugeben.
3. Die gekochten Linsen in das Gewürzfotni geben, salzen und mit gehackten Korianderblättern bestreuen.

Rote Linsen sind stark erwärmend und deshalb für **Pitta** weniger geeignet. **Pitta** sollte die Menge des gemahlenen Korianders und der Korianderblätter erhöhen und die Chilischote weglassen.
Dafür sind sie eine der wenigen Linsensorten, die **Vata** gut verträgt. Und auch für **Kapha** sind die roten Linsen zu empfehlen.

Mungbohnen

1 Tasse Mung Dal (Mungbohnen)
3 Tassen Wasser
1 – 2 TL Ghee
2 TL Kreuzkümmel
1 TL Selleriesamen (Ajwan)
1 gestrichener TL Salz
½ TL gemahlener Bockshornkleesamen
1 Tomate

30 Minuten + Einweichzeit

1. Mungbohnen waschen und über Nacht in Wasser einweichen.
2. Das Einweichwasser abgießen und die Bohnen mit dem Wasser zum Kochen bringen. Bei mittlerer Temperatur etwa 25 Minuten weich kochen, dabei gelegentlich den Schaum abschöpfen.
3. Ghee in einem Topf bei niedriger Temperatur erwärmen. Die Gewürze dazugeben, bis sich das Aroma entfaltet.
4. Die weichen Mungbohnen in das Gewürzfotni rühren.
5. Tomate in kleine Würfel schneiden und die Bohnen damit garnieren.

Mungbohnen sind angenehm kühlend und deshalb sehr gut für **Pitta** im Sommer auch für **Vata** und **Kapha** geeignet. Wenn sie lange eingeweicht und gut gekocht werden, kann auch ich sie in kleinsten Mengen vertragen. Da Bohnen schwer zu verdauen sind, sollte **Vata** aber zurückhaltend sein und diese auf jeden Fall lange kochen.

Pikanter Tur Dal

45 Minuten

1 Becher Tur Dal
4 – 5 Becher Wasser
2 Lorbeerblätter
½ TL Kurkuma
2 TL Ghee
1 TL Bockshornkleesaat
1 TL frisch zermörserter Koriandersamen
1 MSP Asafoetida
½ TL Tandoori Masala
½ TL Garam Masala
½ TL gemahlener schwarzen Pfeffer
½ – 1 TL schwarzes Steinsalz

1. Tur Dal waschen, bis das Wasser klar ist.
2. Dal in einen Topf geben, das Wasser hinzugeben und mit Lorbeerblättern und Kurkuma zum Kochen bringen.
3. Wenn das Wasser kocht, die Temperatur reduzieren und die Hülsenfrüchte 35 – 40 Minuten köcheln lassen, bis der Dal weich ist.
4. In der Zwischenzeit Ghee bei niedriger Temperatur erwärmen, Bockshornkleesaat und Koriandersamen hinzugeben und anrösten. Anschließend die gemahlenen Gewürze, bis auf das Steinsalz, hinzufügen.
5. Wenn der Gewürzsud sein Aroma verbreitet hat, mit dem fertigen Dal mischen und salzen.

Tur Dal (engl. *Toor Dal)* ist einer meiner Lieblings-Dalsorten. Sie sind meist mit einer Ölschicht überzogen, die abgewaschen werden sollte. Da Tur Dal erhitzende Qualitäten hat, sollte **Pitta** diesen Dal höchstens ein bis zwei Mal pro Woche verzehren. Für **Vata** und **Kapha** hat diese Hülsenfrucht gute Eigenschaften. Er hat einen zusammenziehenden und süßen Geschmack.

Mung Dal

1 Becher gelber Mung Dal
3 – 4 Becher Wasser
2 Lorbeerblätter
½ TL Kurkuma
2 TL Ghee
1 TL Senfkörner
1 TL Fenchelsamen
3 ganze Nelken
2 cm frische Ingwerwurzel
1 TL frisch zermörserter Koriandersamen
½ – 1 TL schwarzes Steinsalz oder Steinsalz

40 Minuten

1. Mung Dal waschen, in einen Topf geben, Wasser hinzufügen und mit Lorbeerblättern und Kurkuma zum Kochen bringen.
2. Wenn das Wasser kocht, die Temperatur reduzieren und die Bohnen 25 – 30 Minuten weiterköcheln lassen, bis der Dal weich ist.
3. In der Zwischenzeit Ghee bei niedriger Temperatur erwärmen, Senfkörner und Fenchelsamen im Ghee bei geschlossenem Topf erhitzen, bis sie zu springen beginnen.
4. Nelken, frisch geriebenen Ingwer und Koriandersamen hineingeben und Ingwer leicht anbräunen.
5. Mung Dal mit dem Gewürzsud mischen, salzen und 5 – 10 Minuten durchziehen lassen.

Gelbe Mungbohnen haben süße und kühlende Eigenschaften, die hauptsächlich für **Pitta** gut sind. Die verwendeten Gewürze helfen **Vata** und **Kapha** bei der Verdauung. Mung Dal sind von allen Hülsenfrüchten diejenigen, die am leichtesten zu verdauen sind. Gleichzeitig spenden sie Kraft und Stärke.

Adzukibohnen

1 Becher Adzukibohnen
3 – 4 Becher Wasser
4 Curryblätter
½ TL Kurkuma
2 TL Ghee
1 TL Kreuzkümmel
1 TL Selleriesamen (Ajwan)
1 gehackte Zwiebel
2 MSP Asafoetida
1 TL Tandoori Masala
1 MSP Chilipulver
2 TL gehackte, frische Korianderblätter
½ – 1 TL schwarzes Steinsalz oder Steinsalz

50 Minuten + Einweichzeit

1. Bohnen in eine Schüssel geben, gut mit Wasser abdecken und über Nacht stehen lassen.
2. Das Einweichwasser abgießen, Bohnen waschen und mit dem Wasser in einen Topf geben. Curryblätter und Kurkuma hinzufügen und zum Kochen bringen.
3. Wenn das Wasser kocht, die Hitze reduzieren und die Bohnen im offenen Topf bei mittleren Temperaturen etwa 40 Minuten weiterköcheln lassen, bis die Bohnen weich sind.
4. In der Zwischenzeit Ghee auf mittlere Temperatur erwärmen, Kreuzkümmel und Selleriesamen hinzugeben und anbraten, bis die Samen beginnen zu springen.
5. Die gehackte Zwiebel im Gewürzsud glasig dünsten. Asafoetida, Tandoori Masala und Chili hinzufügen und die fertig gegarten Bohnen mit dem Gewürzsud vermischen.
6. Zum Schluss die Korianderblätter unterrühren und die Bohnen salzen.

Adzukibohnen sind gut für **Pitta** und **Kapha**. Wenn sie gut durchgekocht sind, kann auch ein **Vata** sie in Maßen vertragen. Für **Vata** sind verdauungsfördernde Gewürze, beispielsweise wie in diesem Rezept Kreuzkümmel, Asafoetida, Selleriesamen, zu empfehlen.

Urid Dal

1 Becher Urad Bohnen (Urid Dal)
4 Becher Wasser
2 Lorbeerblätter
½ TL Kurkuma
2 TL Ghee
1 TL Kreuzkümmel
1 TL Bockshornkleesamen
2 cm frische Ingwerwurzel
1 Knoblauchzehe
2 MSP Cayennepfeffer
1 MSP Asafoetida
½ – 1 TL Steinsalz

40 Minuten

1. Urad Bohnen waschen, bis das Wasser klar ist.
2. Dal in einen Topf geben, Wasser hinzufügen und zusammen mit Lorbeerblättern und Kurkuma zum Kochen bringen.
3. Wenn das Wasser kocht, die Hitze reduzieren und die Bohnen etwa 30 Minuten weiterköcheln lassen, bis sie weich sind.
4. In der Zwischenzeit das Ghee auf mittlere Temperatur erwärmen, Kreuzkümmel und Bockshornkleesamen hinzugeben und die Samen darin anbraten.
5. Ingwer reiben, Knoblauch schälen und fein hacken und beides zum Gewürzsud geben, bei niedriger Temperatur etwas anbräunen lassen. Cayennepfeffer und Asafoetida in den Sud geben.
6. Wenn sich das Aroma der Gewürze entfaltet hat, den Dal mit dem Gewürzsud mischen und salzen.

Urid Dal sind exzellente Hülsenfrüchte für **Vata**. Der Dal hat einen süßlichen Geschmack und schwere und leicht erhitzende Eigenschaften, was **Vata** beruhigt. **Pitta** und besonders **Kapha** sollten diesen Dal nicht zu häufig essen, höchstens ein bis zwei Mal pro Woche. **Kapha** kann sich Urid Dal durch besonders scharfe Gewürze wie mehr Cayennepfeffer und Chili bekömmlicher machen.
Die Urad Bohnen sollten nicht zusammen mit Joghurtraitas oder Auberginen gegessen werden, da das zu schwer verdaulich ist. Eine Kombination mit Reis, Gemüse und Kräuterchutney ist empfehlenswert.

Kichererbsencurry

¾ – 1 Becher Kichererbsen
4 Becher Wasser
2 Lorbeerblätter
½ TL Kurkuma
2 Tomaten
2 TL Ghee
½ TL Schwarzkümmel
1 gestrichener TL Kreuzkümmel
½ TL Bockshornkleesamen
1 TL Curry
1 MSP Asafoetida
½ TL Langer Pfeffer
½ TL schwarzes Steinsalz

50 Minuten + Einweichzeit

1. Kichererbsen waschen, bis das Wasser klar ist und mit der drei- bis vierfachen Menge Wasser über Nacht einweichen.
2. Am nächsten Tag das Wasser abgießen, Kichererbsen in einen Topf geben und mit Wasser, Lorbeerblättern und Kurkuma zum Kochen bringen und dann bei mittlerer Temperatur etwa 30 Minuten köcheln lassen.
3. Die Tomaten kreuzweise mit einem Messer einritzen und kurz mit heißem Wasser übergießen. Nach kurzer Zeit lässt sich die Haut leicht abziehen. Gehäutete Tomaten in Würfel schneiden.
4. Tomatenwürfel zu den Kichererbsen geben (nach 30 Minuten Kochzeit) und weitere 10 – 15 Minuten köcheln.
5. In der Zwischenzeit Ghee bei niedriger Temperatur erwärmen, Schwarzkümmel, Kreuzkümmel und Bockshornkleesamen hinzugeben und anrösten. Anschließend die gemahlenen Gewürze und den im Mörser frisch geriebenen Langen Pfeffer dem Sud hinzufügen.
6. Wenn der Gewürzsud sein Aroma verbreitet hat, mit den Kichererbsen mischen und salzen.

Pitta und **Kapha** vertragen diese Hülsenfrucht sehr gut. Nur **Vata** muss aufpassen und eventuell die Menge reduzieren oder ganz darauf verzichten, denn auch die Verdauung fördernden Gewürze helfen in diesem Fall nicht immer.

Desserts

Desserts dürfen bei einem Mittagessen nicht fehlen. Im Ayurveda werden Desserts mit dem Hauptgang serviert und nicht erst am Ende der Mahlzeit. So kann das Essen auch mit dem Dessert begonnen werden, was sich besonders günstig auf die Verdauung auswirkt.

Die meisten Süßspeisen erhöhen das Kapha, deshalb müssen sich Kapha-Typen hier in Zurückhaltung üben. Für sie werden Obstsalate und nur leichte Nachspeisen wie gedünstetes Obst empfohlen.

Zwetschgenkompott mit Zimt und Mandeln

400 g Zwetschgen
1 – 2 TL Ghee
1 gestrichener TL Zimt
½ Tasse Wasser
2 – 3 EL Roh-Rohrzucker
50 g Mandelstifte
Schlagsahne nach Bedarf

25 Minuten

1. Zwetschgen waschen, halbieren und entsteinen.
2. Ghee in einem Topf bei niedriger Temperatur erwärmen und den Zimt etwa eine Minute darin anrösten.
3. Zwetschgen hinzufügen, mit Wasser ablöschen und weich kochen.
4. In der Zwischenzeit Zucker und Mandelstifte in eine Pfanne geben und bei mittlerer Temperatur karamellisieren. Dabei die Mandelstifte goldbraun werden lassen.
5. Das fertige Zwetschgenkompott mit den karamellisierten Mandelstiften dekorieren.
6. Eventuell frisch geschlagene Sahne dazureichen.

Ein herrliches Dessert. Wenn Sie eine **Kapha**-Konstitution haben, können auch Sie das Dessert in Maßen genießen, wenn Sie die Sahne weglassen und die Zwetschgen zusätzlich mit mehr Zimt und etwas Ingwer würzen.

Aprikosenpudding

250 g getrocknete Aprikosen, über Nacht eingeweicht
200 ml Wasser
200 ml Schlagsahne
1 Päckchen Vanillepuddingpulver
1 EL Vollrohrzucker
1 MSP Safran
1 MSP geriebene Muskatnuss
½ TL gemahlener Kardamom
1 gestrichener TL gemahlener Koriandersamen
1 TL Rosenwasser

15 Minuten + Einweichzeit

1. Aprikosen mit dem Einweichwasser pürieren.
2. Wasser mit Sahne mischen.
3. 4 – 5 EL Flüssigkeit von der Sahne-Wasser-Mischung abnehmen. Puddingpulver und Zucker vermischen und mit der Flüssigkeit klümpchenfrei anrühren.
4. Gewürze und das Rosenwasser hinzufügen.
5. Die restliche Flüssigkeit zum Kochen bringen und dann das Aprikosenpüree und das Puddingpulver unterrühren.
6. Pudding kurz aufkochen, in Dessertschälchen füllen und abkühlen lassen.

Bei zu viel **Kapha** können Sie das Mengenverhältnis von Wasser zu Sahne in 2:1 abändern. Ansonsten ist der Pudding für alle Typen geeignet.

Vanille-Reismehl-Pudding

15 Minuten

1 – 2 TL Ghee
½ TL gemahlene Bourbon-Vanille
2 EL Roh-Rohrzucker
250 ml Schlagsahne
250 ml Wasser
3 EL Reismehl
Erdbeersauce oder Mangosauce zum Dekorieren
gehackte Pistazien nach Bedarf

1. Ghee in einem Topf bei niedriger Temperatur erwärmen.
2. Vanillepulver und Zucker hinzufügen und den Zucker schmelzen.
3. Sahne-Wasser-Gemisch in den Topf gießen und das Reismehl unterrühren.
4. Alles unter Rühren aufkochen und eindicken lassen.
5. Pudding in Dessertschälchen füllen und abkühlen lassen.
6. Zum Dekorieren Erdbeersauce oder Mangosauce darüber gießen und Pistazien darüber streuen.

Vata und **Pitta** können bei diesem Dessert unbesorgt zugreifen. **Kapha** kann das Fett reduzieren und 300 ml Wasser mit 200 ml Sahne vermischen. Nach Bedarf kann auch 1 TL gemahlener Ingwer zugefügt werden, um den Stoffwechsel anzuregen.

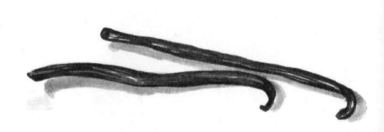

Mango-Grieß-Pudding

1 – 2 TL Ghee
1 TL Mangopulver
½ TL gemahlener Kardamom
½ TL gemahlener Koriandersamen
100 – 120 g Weizengrieß
1 EL Roh-Rohrzucker
250 ml Wasser
250 ml Schlagsahne
1 TL Orangenblütenwasser
80 ml Mangosauce oder 150 g pürierte Mango (Konserve)
ein paar Safranfäden
gehackte Pistazien nach Bedarf

20 Minuten

1. Ghee in einem Topf bei niedriger Temperatur erwärmen.
2. Gewürze hinzufügen und darin anrösten, bis sich das Aroma entfaltet hat.
3. Grieß und Zucker dem Gewürzsud hinzufügen und anbräunen.
4. Wasser, Sahne und Orangenblütenwasser unter kräftigem Rühren hinzugießen, Mangosauce bzw. die pürierte Mango ebenfalls dazugeben.
5. Alles zum Kochen bringen und quellen lassen, bis die Flüssigkeit andickt.
6. Pudding in Dessertschälchen füllen und abkühlen lassen.
7. Zur Dekoration 2 – 3 Safranfäden und Pistazien darüber streuen.

Ein fruchtiges, gut sättigendes Dessert. Bei Verwendung von eingemachten Mangos lasse ich den Zucker gerne weg, da sie süß genug sind. Ausnahmsweise verwende ich bei diesem Pudding Mangos aus der Dose, denn mit frischer Mango gelingt das Dessert nicht so gut.
Mangos sind herrlich für **Vata** und **Pitta**. **Kapha** sollte Mango seltener essen.

Orangen in Sanddornsirup

2 süße Orangen
4 EL Sanddornsirup
Schlagsahne nach Bedarf
Mandelblättchen, gehackte Pistazien oder
gehackte Haselnüsse zum Dekorieren

10 Minuten

1. Orangen schälen und in Filets teilen. Pro Portion eine halbe Orange in Dessertschälchen verteilen.
2. Mit je einem EL Sanddornsirup übergießen.
3. Sahne schlagen. Mandelblättchen anrösten.
4. Orangen mit Sahne und gerösteten Mandeln oder gehackten Nüssen garnieren.

Ein Dessert, das durch die Orange und den Sanddornsirup viel Vitamin C enthält und vor allem im späten Winter und auch zu Beginn des Frühjahrs zur Vorbeugung von Erkältungskrankheiten zu empfehlen ist.
Es hat eine süß-säuerliche Geschmacksrichtung und ist daher ausgezeichnet für **Vata** geeignet. **Pitta** sollte Sanddornsirup und Sahne vorsichtig dosieren. **Kapha** sollte nicht allzu viel von diesem Dessert essen, da Orangen bei häufigem Verzehr **Kapha** erhöht.

Tahinibällchen

1 Tasse Sesammus (Tahin)
½ Tasse Kastanienmehl
¼ Tasse Honig
Wallnusshälften zum Dekorieren

15 Minuten

1. Sesammus, Kastanienmehl und Honig in einem Mixer zu einer festen Paste verarbeiten.
2. Kleine Kugeln formen oder die Masse auf einem Teller ausstreichen und Rechtecke ausschneiden.
3. Zur Dekoration je eine Walnusshälfte auf ein Bällchen oder ein Rechteck setzen.

Tahinibällchen schmecken köstlich, lassen sich gut vorbereiten und können auch als Zwischenmahlzeit verzehrt werden. Besonders im Winter liebe ich dieses Dessert für zwischendurch, um schnell Kraft und Wärme zu tanken. Denn sowohl Sesammus als auch Honig wärmen den Körper. Kastanien enthalten viel Kohlenhydrate, sind leicht bekömmlich, appetitanregend und eine gute Aufbaukost.

Fruchthalva

15 Minuten

1 Tasse entsteinte Datteln
1 Tasse Rosinen
1 Tasse getrocknete Aprikosen
1 Tasse gemahlene Mandeln
1 Tasse Kokosflocken
2 EL Sesammus (Tahin)

1. Im Mixer Datteln, Rosinen, getrocknete Aprikosen, gemahlene Mandeln und Kokosflocken klein hacken und vermischen.
2. Tahin zu der Masse hinzufügen und alles zusammen fein pürieren.
3. Kleine Kugeln aus der Masse formen oder die Masse auf einem Teller ausstreichen und in Rauten, Quadrate oder Rechtecke schneiden.
4. Das Fruchthalva lässt sich auch gut einfrieren.

Wie die Tahinibällchen ist auch das Fruchthalva eine leckere Nascherei für zwischendurch. Durch die Trockenfrüchte ist es allerdings mehr für **Kapha** geeignet als für **Vata**. Auch **Pitta** kann die Fruchtbällchen gut vertragen.
Das Rezept stammt vom Himalayan-Institute in Pennsylvania (USA).

Schnelles Joghurtdessert

2 EL Sesam
500 g Naturjoghurt
1 TL Zimt
4 TL Ahornsirup oder Honig

5 Minuten

1. Sesam in einer Pfanne ohne Fett rösten, bis er angenehm nussig riecht. Etwas abkühlen lassen.
2. Joghurt mit Sesam, Zimt und Süßungsmittel mischen und alles gut verrühren.

Super schnell und leicht herzustellen ist dieses leichte Dessert. Wie das Halva können Sie auch dieses als Zwischenmahlzeit zu sich nehmen. Joghurt ist für **Kapha** nur in Maßen verträglich, da er die Schleimbildung erhöht. Zum Ausgleich sollten **Kaphas** hier nur Honig als Süßungsmittel verwenden. Für **Vata** sind alle Zutaten gut geeignet, während **Pitta** den Sesam durch Sonnenblumenkerne ersetzen und als Süßungsmittel nur Ahornsirup nehmen sollte.

Desserts

Gegrillte Früchte mit Aprikosensauce und Sahne

> 20 Minuten
> + Einweichzeit

100 g getrocknete Aprikosen, über Nacht eingeweicht
2 Nektarinen
2 Pfirsiche
2 Bananen
2 Äpfel oder Birnen
2 EL Agavendicksaft
2 TL Zitronensaft
Schlagsahne nach Bedarf

1. Aprikosen mit dem Einweichwasser pürieren.
2. Obst halbieren, Kerne und Bananenschale entfernen.
3. Obsthälften auf den Grill oder im vorgeheizten Backofen (175 °C) auf ein gefettetes Backblech legen und von allen Seiten grillen, bis die Früchte weich sind.
4. Aus Agavendicksaft und Zitronensaft eine Sauce bereiten. Das gegrillte Obst damit bestreichen und auf Teller legen.
5. Sahne steif schlagen und das gegrillte Obst mit Sahne und Aprikosensauce garnieren.

Eine leckere Möglichkeit, im Sommer die Grillsaison mit Früchten zu bereichern. Übrigens dürfen Sie bei einem ayurvedischen Mittagessen mit dem Dessert starten. Bei Obstdesserts empfiehlt sich das besonders.
Äpfel und Birnen eignen sich gut für **Pitta** und **Kapha**, Pfirsiche für **Vata** und **Kapha**, Bananen für **Vata**, süße Nektarinen für **Vata** und **Pitta**.

Mango mit Sanddorncreme

150 g Schlagsahne
150 g Naturjoghurt
3 EL Sanddornsirup
2 Mangos
2 EL gestiftete Mandeln oder gehackte Pistazien

15 Minuten

1. Sahne steif schlagen und mit dem Joghurt und dem Sanddorn verrühren.
2. Mangos schälen, in Würfel schneiden und auf Dessertteller verteilen.
3. Mandelstifte in einer Pfanne ohne Fett leicht anrösten.
4. Die Sanddorncreme über die Mangostücke geben und mit den Mandelstiften oder Pistazien garnieren.

Dieses Dessert ist ganz besonders für **Vata** zu empfehlen, aber auch **Kapha** und **Pitta** können diesen Nachtisch gelegentlich genießen.

Obstsalat mit Ingwer-Tamarinden-Sauce

70 Minuten

1 Papaya
1 Kiwi
1 Apfel
1 halbe Limone
¼ TL Tamarindenextrakt
½ TL gemahlene Bourbon-Vanille
1 TL frisch geriebener Ingwer
1 – 2 TL Roh-Rohrzucker
2 EL Mandelstifte

1. Papaya schälen, halbieren und mit einem Teelöffel die Kerne entfernen. Kiwi schälen, Apfel waschen.
2. Das Obst klein schneiden und in eine Schüssel geben.
3. Limone auspressen und mit Tamarindenextrakt, den Gewürzen und dem Zucker zu einer Sauce verrühren. Unter das Obst mischen.
4. Obstsalat etwa eine Stunde durchziehen lassen.
5. Mandelstifte in einer Pfanne ohne Fett leicht anrösten und den Obstsalat damit garnieren.

> Dieser Obstsalat unterstützt das Verdauungsfeuer und ist gleichzeitig angenehm erfrischend. Es ist für alle Typen geeignet.
> Als ich ihn einmal bei einem Seminar zubereitet hatte, freute ich mich schon auf das Dessert. Leider war alles schon gegessen, bis ich zum Essen kam.

Zwetschgenkompott

6 – 7 Zwetschgen pro Person
1 – 2 TL Ghee
1 cm frische Ingwerwurzel
1 TL Zimt
etwas Wasser
Jaggery (Palmzucker) oder Ahornsirup nach Bedarf
Schlagsahne nach Bedarf

15 Minuten

1. Zwetschgen waschen, halbieren und entkernen.
2. Ghee in einem Topf bei niedriger Temperatur erwärmen. Frisch geriebenen Ingwer hineingeben und etwas anbräunen lassen. Dann Zimt hinzufügen und das Aroma entfalten lassen.
3. Zwetschgen und wenig Wasser in den Topf geben und zum Kochen bringen. Das Obst etwa 5 Minuten köcheln, danach Platte ausschalten.
4. Mit Jaggery oder Ahornsirup süßen und das Kompott noch 5 Minuten durchziehen lassen.
5. In Dessertschälchen füllen und eventuell mit frisch geschlagener Sahne dekorieren.

Kapha kann die Zwetschgen durch Äpfel austauschen und die Sahne weglassen.
Für **Vata** und **Pitta** sind Zwetschgen gut geeignet.

Ananas in Bananen-Joghurt-Sauce

15 Minuten

2 Babyananas
1 Banane
350 g Naturjoghurt
1 TL Zimt
1 TL Honig
Pinienkerne oder gehackte Pistazien nach Bedarf

1. Ananas halbieren, Schale und den Strunk aus der Mitte entfernen und das Fruchtfleisch klein schneiden.
2. Die Banane schälen und pürieren, mit Joghurt, Zimt und Honig verrühren.
3. Die klein geschnittene Ananas mit dem Joghurt mischen.
4. Dessert in Schälchen füllen und mit Pinienkernen oder Pistazien garniern.

> Ananas sind eine bekömmliche Nahrung für Menschen, die Schwierigkeiten haben, Eiweiß zu verdauen. Sie enthalten ein Enzym, das Nahrungseiweiß aufspaltet.
> Ein Dessert, das **Vata** gut bekommt. **Pitta** kann für bessere Bekömmlichkeit 1 TL gemahlenen Kardamom hinzufügen, **Kapha** nimmt besser gemahlenen Ingwer.

Avocadotraum mit Aprikosensauce

5 Aprikosen (frisch oder getrocknet)
3 Äpfel
1 Avocado
1 EL Zitronensaft
2 – 3 TL gehackte Pistazien oder 4 Walnusshälften

15 Minuten + Einweichzeit

1. Aprikosen schälen und entkernen. Falls getrocknete Aprikosen für die Sauce verwendet werden, diese über Nacht einweichen. Aprikosen pürieren.
2. Äpfel und Avocado schälen, Kerngehäuse und Avocadokern entfernen und das Obst zusammen pürieren.
3. Zitronensaft hinzufügen, damit das Püree nicht so schnell braun wird.
4. In Dessertschälchen füllen und mit dem Aprikosenpüree garnieren.
5. Mit gehackten Pistazien oder je 1 Walnusshälfte dekorieren.

Kapha sollte bei diesem Dessert unbedingt getrocknete Aprikosen verwenden. Sie bringen den nötigen Ausgleich zur Avocado in diesem Dessert.

Jamie´s Tofu-Carob-Mus

200 g Tofu
⅓ Tasse Honig
2 gestrichene TL Bourbon-Vanille-Zucker
2 EL Carobpulver
1 Tasse Orangensaft
Mandelblättchen oder gehackte Pistazien nach Bedarf

> 10 Minuten

1. Tofu fein zerbröseln. Mit Honig, Zucker, Carob und Orangensaft pürieren, bis die Masse cremig ist.
2. Das Dessert in kleine Schüsselchen füllen.
3. Nach Belieben mit Mandelblättchen ohne Fettzugabe in der Pfanne rösten und das Dessert damit dekorieren oder gehackte Pistazien darüber streuen.

Dies ist ein Rezept von Jamie Stunkard aus Honesdale (USA), es eignet sich hervorragend, wenn es besonders schnell gehen soll.
Die schweren und kühlenden und damit **Kapha**-erhöhenden Eigenschaften des Tofu werden durch die anderen Zutaten ausgeglichen. Für **Vata** und **Pitta** ist dieses Dessert problemlos zu vertragen.

Fladenbrote und Brotaufstriche

Selbst hergestelltes Pesto und Brotaufstriche sind eine willkommene Alternative zu Käse und Wurst. Zumal Käse und Wurst im Ayurveda kaum bis gar nicht vorkommen. Sie sind zu schwer zu verdauen und belasten den gesamten Stoffwechsel. Gut ist, wenn Sie es schaffen, Wurst und Fleisch ganz aus ihrem Speiseplan zu streichen und Käse nur noch gelegentlich zu verzehren. Stattdessen können Sie Ihrer Fantasie bei der Zubereitung der Brotaufstriche freien Lauf lassen und immer mal wieder andere Kräuter und Zutaten verwenden.
Ganz hervorragend schmecken Chapati und Papadam dazu. Die Brote sollten immer frisch sein, wenn Sie etwas Übung bekommen haben, sind Chapati recht schnell zubereitet.

Papadam

1 – 2 Papadam pro Person

> 1 Minute pro Papadam

1. Papadam in den Toaster stellen, in einer vorgewärmten Pfanne ohne Fett erwärmen oder im vorgeheizten Backofen (etwa 175 °C).
2. Der Papadam ist fertig, wenn er Blasen gebildet hat.

Papadam gibt es in indischen oder asiatischen Lebensmittelgeschäften fertig zu kaufen. Papadam sind sehr trocken und manche sind sehr scharf. **Vata** und **Pitta** sollten deshalb nicht allzu viele davon essen. Für **Kaphas** sind Papadam ideal. Einige meiner Teilnehmer kamen auf die Idee, Papadam als Chips-Ersatz einzusetzen. Auch eine Alternative.

Weizenfladenbrot (Chapati)

250 g Weizenvollkornmehl oder Chapatimehl
½ TL Salz
100 ml lauwarmes Wasser

40 Minuten

1. Mehl in eine Schüssel geben. Salz untermengen und nach und nach das Wasser unter den Teig kneten. (Bitte nicht das ganze Wasser auf einmal in das Mehl kippen, die Wassermenge kann variieren.)
2. Den Teig in 12 gleichgroße Bällchen formen und 30 Minuten stehen lassen.
3. Pfanne auf mittlere Temperatur erhitzen.
4. Die Bällchen mit etwas Mehl bestäuben und auf einem bemehlten Brett zu möglichst gleichmäßig runden, dünnen Fladen von etwa 15 cm Durchmesser ausrollen.
5. Den Fladen in die vorgewärmte Pfanne legen. Wenn auf der Oberfläche der Fladen kleine, weiße Bläschen erscheinen und sich die Ränder nach oben wölben, den Chapati umdrehen und die andere Seite rösten, bis Luftblasen hervortreten.
6. Den Chapati mit der Zange aufnehmen und beide Seiten für einige Sekunden über die offene Gasflamme halten, bis er sich wie ein Ballon aufbläht oder aber den Chapati toasten.

Chapati sind ideal für **Vata** und **Pitta**, weniger für **Kapha**. Die Brotfladen werden ohne Hefe hergestellt. Wer auf Hefe verzichten muss, kann also getrost Chapati verzehren. Wer Weizen nicht verträgt, kann Dinkelmehl verwenden.
Für die Zubereitung eignen sich Chapatipfannen, die sie in indischen Läden finden, am besten.

Tomatensahne

200 g Schlagsahne
1 große Tomate
2 TL frisches Basilikum oder 1 TL getrocknetes Basilikum
1 Prise Salz
etwas Pfeffer

> 10 Minuten

1. Sahne steif schlagen.
2. Stielansatz der Tomate entfernen, Tomate pürieren und unter die steif geschlagene Sahne ziehen.
3. Zum Schluss frischen oder getrockneten Basilikum dazugeben und den Aufstrich mit Salz und Pfeffer abschmecken.

Diesen Brotaufstrich sollten Sie frisch verzehren. Er hält nicht bis zum nächsten Tag. Für **Kapha** ist zu viel Sahne immer ungünstig, für **Vata** und in Maßen für **Pitta** ist Sahne sehr wohl zu genießen.

Tomatenpaste

1 Bund frisches Basilikum
1 Hand voll getrocknete Tomaten
1 Tasse Olivenöl
¾ Tasse gemahlene Mandeln

> 10 Minuten

1. Basilikum waschen und die Blätter grob hacken.
2. Tomaten mit Öl, Mandeln und Basilikum mischen und fein pürieren.

Pitta und **Kapha** sollten die gemahlenen Mandeln vorher in etwas Wasser einweichen oder können diese auch durch gemahlene Sonnenblumenkerne ersetzen.

Rucolapesto

125 g Rucola
½ Limone
1 Tasse Olivenöl
¾ Tasse gemahlene Mandeln oder Walnüsse
Salz
Pfeffer

10 Minuten

1. Rucola waschen und grob hacken.
2. Limone auspressen und mit Rucola, Öl und Nüssen mischen und fein pürieren.
3. Mit Salz und Pffer abschmecken.

> Rucolapesto eignet sich auch für Spaghetti oder Nudeln. Ein ideales und schnelles Abendessen, vor allem, wenn Sie das Pesto schon vorbereitet haben. Es ist für einige Tage im Kühlschrank haltbar.
> Walnüsse sind in Maßen nur für **Vatas** zu empfehlen, während Mandeln von allen drei Grundtypen vertragen werden. **Pitta** und **Kapha** sollten sie zusätzlich vor der weiteren Verwendung in Wasser einweichen.

Rucolabutter

125 g Rucola
etwas Olivenöl
250 g Butter
etwas Salz
Cayennepfeffer

1. Die Ruccola waschen, grob hacken und in einem Topf mit etwas Olivenöl dünsten.
2. Anschließend mit einem Pürierstab pürieren.
3. Die weiche Butter in Stücke schneiden und zugeben, weiterpürieren bis eine homogene Masse entstanden ist.
4. Mit Salz und Cayennepfeffer abschmecken.

> Die Butter kann ruhig ein wenig scharf schmecken – das unterstützt die Verdauung. Butter wird wie Sahne von **Vata**-Typen am besten vertragen. **Pitta** und vor allem **Kapha** sollten sich zurückhalten.

Karottenbutter

100 – 150 g Karotten
etwas Wasser
250 g Butter
etwas Salz
1 TL Rosmarin
1 TL gemahlener grüner Pfeffer

15 Minuten

1. Karotten waschen, schälen, in größere Stücke schneiden und mit etwas Wasser in einem Topf weich dünsten.
2. Karotten pürieren, weiche Butter stückchenweise hinzufügen und weiterpürieren, bis eine homogene Masse entstanden ist.
3. Mit Salz, Rosmarin und Pfeffer abschmecken.

> Karottenbutter hat eine herrliche orange Farbe, sieht auf Brot sehr gut aus und schmeckt dazu noch sehr delikat.
> Gekochte Karotten sind für alle Konstitutionstypen geeignet. Die Gewürze unterstützen die Verdauung der Butter.

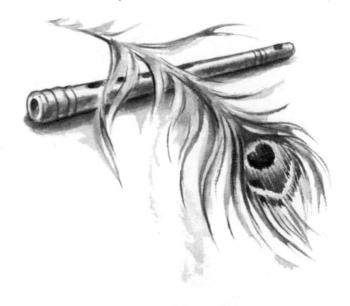

Warenkunde

Agavendicksaft
Der eingedickte Saft der Agaven schmeckt sehr süß und hat im Gegensatz zu Ahornsirup einen neutralen Geschmack. Die bernsteinfarbene Fruchtsüße kann vielseitig verwendet werden. Agavendicksaft ist im Reformhaus und in Naturkostfachgeschäften erhältlich.

Ajwan (Selleriesamen, Lovage Seeds, Königskümmel)
Selleriesamen schmecken leicht scharf und werden gerne bei Gemüse- und Dalgerichten eingesetzt. Er wirkt blähungslindernd und ist ideal für Vata- aber auch für Kapha-Typen. Ein Pitta-Typ sollte Ajwan vorsichtig dosieren. Sie erhalten die Samen in asiatischen oder arabischen Lebensmittelgeschäften, in Gewürzläden oder beim Gewürzversand.

Asafoetida (Hing, Stinkasant)
Asafoetida ist ein Harz, das aus einer Wurzel gewonnen wird. Der Geruch ist sehr intensiv, daher wird es auch als Stinkasant oder Teufelsdreck bezeichnet. Im asiatischen Lebensmittelhandel oder beim Gewürzversand ist es meistens in Pulverform erhältlich, leider nicht immer in reiner Form, sondern mit anderen Zutaten kombiniert. In der Küche wird das Gewürz bei schwer verdaulichen Speisen wie Kohl- und Bohnengerichten eingesetzt.

Beifuß
Das Kraut sollte nur sparsam verwendet werden. Es schmeckt sehr bitter und ist daher besonders Kapha zu empfehlen. Sie finden ihn in Gewürzläden oder auf Wochenmärkten.

Bockshornkleesamen
Die Samen des Bockshornklees sind klein, eckig und bräunlich. Sie wirken scharf und wärmend, Menschen mit viel Vata können dieses Gewürz häufiger verwenden. Salatsaucen verleihen sie einen interessanten Geschmack. Auch dieses Gewürz erhalten Sie im Reformhaus, Naturkostfachgeschäft, im asiatischen Lebensmittelladen oder beim Gewürzversand.

Carobpulver
Die Schoten des Johannisbrotbaumes werden getrocknet und zu feinem Pulver vermahlen. Carobpulver kann anstelle von Kakao verwendet werden und wird

vor allem in Süßspeisen, Kuchen und Gebäck oder für Getränke eingesetzt. Sie bekommen das Pulver im Naturkostfachgeschäft.

Chapatimehl
Das fein gemahlene Vollkornweizenmehl ist für die Zubereitung von Chapatis am besten geeignet. Es wird vorwiegend in indischen Lebensmittelgeschäften oder im Versand angeboten. Es lässt sich leicht kneten und ausrollen.

Curryblätter
Die Blätter des indischen Currybaumes werden frisch oder getrocknet verwendet. Sie haben einen leicht bitteren Geschmack und werden oft zum Würzen von Dalsuppen aber auch von leichten Gemüsegerichten verwendet. Sie werden in indischen oder asiatischen Lebensmittelgeschäften oder beim Gewürzversand angeboten.

Currypulver
Curry ist eine Mischung aus verschiedensten Gewürzen (z. B. Kreuzkümmel, Koriander, Pfeffer, Chili, Gelbwurz) und kann geschmacklich und farblich stark variieren. Die Geschmacksnuancen reichen von leicht scharf bis sehr scharf. Deshalb ist es gut, vor jedem Einsatz den Geschmack des Currypulvers zu testen.

Galgant
Die Wurzel des Siam-Ingwers schmeckt etwas milder wie herkömmlicher Ingwer. Besonders Pitta-Typen ist Galgant an Stelle von Ingwer zu empfehlen, da er weniger Pitta-erhöhend wirkt. Galgant erhalten Sie als Wurzel oder in pulverisierter Form in asiatischen Lebensmittelgeschäften.

Garam Masala
Masalas sind Gewürzmischungen, die sehr unterschiedlich sein können. In den meisten Fällen ist Garam Masala nicht all zu scharf. Nelken, Muskat oder Kreuzkümmel geben ihnen ihren charakteristischen Geschmack. Garam Masala erhalten Sie im asiatischen und indischen Lebensmittelgeschäften oder beim Gewürzversand.

Jaggery (Palmzucker, Gur)
Jaggery ist ein unraffinierter Zucker, der aus dem eingekochten Saft des Zuckerrohres hergestellt wird. Er ist in indischen und asiatischen Lebensmittelgeschäften und beim Gewürzversand erhältlich. Jaggery wird in festen Blöcken angeboten.

Kastanienmehl
Das Mehl, das aus getrockneten Esskastanien hergestellt wird, hat einen süßlichen Geschmack. Es ist sehr fein und gibt Speisen etwas Cremiges. Sie können Kastanienmehl in indischen oder italienischen Lebensmittelgeschäften kaufen.

Kokosnusscreme
Kokosnusscreme wird aus den Früchten der Kokospalme hergestellt. Kokoscreme in Blockform wird ohne Zusätze angeboten und ist daher empfehlenswerter als andere Produkte. Sie wird in asiatischen und arabischen Lebensmittelgeschäften, beim Gewürzversand und zunehmend im Supermärkten angeboten.

Kokosmilch
Kokosmilch wird aus dem Kokosnussfleisch hergestellt. Sie wird auch als Konzentrat oder als Pulver, das mit Wasser angerührt werden muss, angeboten.

Koriander
Die Korianderpflanze liefert aromatische Blätter, die frisch verwendet werden, und Samen, die ganz oder gemahlen angeboten werden. Im Mörser zerriebene Koriandersamen haben einen pfeffrigen, zitronenartigen Geruch. Das Gewürz ist sehr gut in scharfen Gerichten und empfehlenswert für alle Pitta-Typen.
Frische Korianderblätter erhalten Sie vor allem in türkischen, asiatischen und indischen Lebensmittelgeschäften.

Kreuzkümmel (Jeera) und schwarzer Kreuzkümmel (Kala Jeera)
Kreuzkümmel, auch unter den Namen Cumin bekannt, ist mit unserem einheimischen Kümmel verwandt, schmeckt aber ganz anders. Die Samen des Weißen Kümmels werden häufig in Currys, Reis- und Dalgerichten verwendet. Er unterstützt die Verdauung und eignet sich daher sehr gut für Vata-Typen.
Schwarzer Kreuzkümmel ist kleiner und dunkler als der helle Kreuzkümmel und hat einen intensiveren Geschmack. Er sollte nur sparsam verwendet werden. Kreuzkümmel finden Sie im Reformhaus und Naturkostladen, schwarzen Kreuzkümmel in asiatischen Lebensmittelgeschäften oder beim Gewürzversand.

Kurkuma (Gelbwurz)
Das Gewürz wird aus der Wurzel eines Ingwergewächses hergestellt und ist nur in gemahlener Form zu bekommen. Das Pulver hat einen bitteren und herben Geschmack und sollte deshalb sparsam eingesetzt wird. Wenn Sie vor dem Schlafengehen eine heiße Milch trinken, sollten Sie immer eine Prise Kurkuma hinzufügen. Das reduziert die schleimbildende Wirkung der Milch. Kurkuma ist beson-

ders gut für Leber und Gallenblase, wirkt entgiftend, reinigend und enthält natürliche Antibiotika.
Sie bekommen das Gewürz im Reformhaus, in Naturkostfachgeschäften, asiatischen Lebensmittelgeschäften oder beim Gewürzversand.

Langer Pfeffer (Stangenpfeffer, Pippali)
Langer Pfeffer hat einen süßlichen, scharfen Geschmack. Da er schärfer ist als schwarzer oder weißer Pfeffer, sollte er vorsichtig dosiert werden. Er wird ganz oder gemahlen angeboten.

Liebstöckel (Maggikraut)
Die frischen Blätter des Liebstöckel schmecken intensiv würzig (nach »Maggi«) und sind vor allem für Suppen und Salate zu empfehlen. In getrockneter und gemahlener Form ist Liebstöckel auch unter dem Namen Maggikraut bekannt. Wenn Sie einen Maggiliebhaber in der Familie haben, ist dieses Kraut ein ganz vorzüglicher Ersatz. Die Blätter werden gehackt oder gemahlen als Pulver im Reformhaus, Naturkostfachgeschäften und meist auch im Supermarkt angeboten.

Mangopulver
Das Pulver wird aus Mangofrüchten, die getrocknet und danach fein vermahlen werden, hergestellt. Das blassgelbe Gewürz hat einen leicht säuerlichen und fruchtigen Geschmack und kann für Süßspeisen, aber auch für Gemüsecurrys verwendet werden. Sie finden Mangopulver in asiatischen Lebensmittelgeschäften oder beim Gewürzversand.

Miso
Die salzige, dunkle Paste wird durch einen Gärungsprozess aus Sojabohnen gewonnen. Miso kann an Stelle von Gemüsebrühe oder als Salzersatz verwendet werden. Es wird im Reformhaus, Naturkostladen und in asiatischen Lebensmittelgeschäften angeboten.

Mungbohne (Mung Dal)
Die grünen Sojabohnen werden ganz oder halbiert angeboten. Bei den halbierten Mungbohnen haben Sie die Auswahl zwischen der geschälten, gelben Form oder der ungeschälten, grünen Form. Gelber Mung Dal ist leichter zu verdauen als der grüne.
Sie können Mung Dal in asiatischen Lebensmittelgeschäften oder beim Gewürzversand kaufen. Ganze Mungbohnen, auch als Keimsaat für Mungsprossen, erhalten Sie im Reformhaus oder im Naturkostladen.

Orangenblütenwasser
Das aromatische Pflanzenwasser wird durch Destillation aus den Blüten der Bitterorange gewonnen. Orangenblütenwasser ist in asiatischen Lebensmittelgeschäften, im Feinkosthandel oder in Apotheken erhältlich.

Pani Puri Masala
Die Gewürzmischung wird gerne zur Zubereitung von Fladenbroten eingesetzt und kann z. B. auch Pizzateige würzen. Sie erhalten Pani Puri Masala in indischen Lebensmittelgeschäften.

Papadam
Die dünnen Fladenbrote werden meist aus Linsenmehl zubereitet und in den verschiedensten Geschmacksrichtungen, von mild bis sehr scharf, angeboten. Sie sind in indischen und asiatischen Lebensmittelgeschäften oder beim Gewürzversand erhältlich.

Pastinake
Das Wurzelgemüse war lange Zeit fast in Vergessenheit geraten, erlebt aber hierzulande ein Comeback. Die weißen Wurzeln schmecken leicht süßlich und können ähnlich wie Möhren verwendet werden. Die Garzeit ist sehr kurz, dadurch ist Pastinakengemüse schnell zubereitet.

Roh-Rohrzucker
Für diese Zuckerart wird Zuckerrohrsaft im Vakuum eingedickt. Anschließend werden die Zuckerkristalle vom Sirup abgetrennt. Je höher der Melassegehalt des Zuckers, um so dunkler und geschmacksintensiver ist der Zucker und umso höher der Mineralstoffgehalt.

Rote Linsen
Die kleinen roten Linsen sind von allen Hülsenfrüchten am schnellsten zubereitet, sie brauchen nur 20 Minuten und müssen nicht eingeweicht werden.

Sanddornsirup
Der süß-saure Fruchtsirup hat einen hohen Gehalt an Vitamin C und antioxidativen Stoffen. Sie bekommen ihn in Reformhäusern und in Naturkostfachgeschäften.

Schabziger Klee (blauer Steinklee, Brotklee)
Dieses sehr alte Gewürz wird heute in der Schweiz und Österreich kultiviert. Dort wird es bei der Käseherstellung eingesetzt. Vom Geschmack und Geruch erinnert es an Bockshornklee, ist jedoch milder. In gemahlener Form finden Sie es im Reformhaus.

Schwarzes Steinsalz (Kala Namak)
Durch die rötliche grau-braune Farbe und den schwefelhaltigen Geschmack unterscheidet sich dieses stark von Meersalz. Steinsalz unterstützt das Verdauungsfeuer und hat eine bessere Wirkung als Meersalz oder andere Salze auf den Körper. Im Vergleich zu diesen ist das schwarze Steinsalz nicht so stark Pitta- und Kapha-erhöhend. Wer das schwarze Steinsalz nicht mag, kann auch das helle verwenden. Beide Sorten gibt es in indischen Lebensmittelgeschäften oder beim Gewürzversand.

Schwarzkümmel (Kalonji, schwarze Zwiebelsamen)
Die schwarzen Samen sind vielen von türkischen Fladenbroten bekannt. Sie sind im Naturkosthandel, indischen Lebensmittelgeschäften und beim Gewürzversand erhältlich.

Selleriesamen
s. Ajwan

Schwarze Senfkörner (Senfsaat)
Die kleinen Samen des braunen Senfs sind schwarz und haben einen scharfen Geschmack. In Ghee angeröstet, haben sie ein durchdringendes Aroma, das vor allem zu Dal-, Kohl- und Kürbisgerichten passt. Sie finden Senfsamen in asiatischen Lebensmittelgeschäften oder beim Gewürzversand.

Sesammus (Tahin)
Die Paste wird aus gerösteten und gemahlenen Sesamsamen hergestellt. Sie können Sesammus pur als Brotaufstrich nutzen oder in unterschiedlichsten Gerichten verwenden. Tahin ist in Reformhäusern oder Naturkostläden und in arabischen und asiatischen Lebensmittelgeschäften erhältlich.

Tamarinde

Tamarinde wird aus dem Fruchtfleisch der Schoten des Tamarindenbaumes gewonnen. Angeboten wird es als Paste im Block oder als fertiges Konzentrat. Tamarinde hat einen sauren, adstringierenden Geschmack und wird deshalb bevorzugt in süß-sauren Speisen verwendet. Asiatische Lebensmittelgeschäfte oder der Gewürzversand bieten Tamarinde an.

Tandoori Masala

Die rote Gewürzmischung kann sehr scharf sein und ist deshalb ein guter Ersatz für Chili, scharfes Paprikapulver oder Cayennepfeffer. Tandoori Masala finden Sie in asiatischen Lebensmittelgeschäften.

Topinambur (Erdbirne)

Die Knollen des Topinambur können roh oder gekocht wie Kartoffeln verwendet werden. Das Gemüse enthält viel Inulin, das die Darmflora und den Insulinhaushalt günstig beeinflusst.

Ysop

Die Blätter der Ysoppflanze riechen würzig und schmecken leicht bitter. Ysop stärkt den Magen und fördert die Verdauung. Sie können die Blätter vor allem an Salate, aber auch an Gemüse und Saucen geben. Sie erhalten Ysop in Kräutergeschäften oder im Winter in getrockneter Form in der Apotheke.

Zitronenmelisse

Die kleinen Blättchen der Zitronenmelisse haben einen hat einen angenehmen, zitronenartigen Geschmack. Sie lässt sich hervorragend in einem Topf selbst ziehen oder Sie kaufen sich einen kleinen Topf für die Fensterbank. Ein paar Blätter mit heißem Wasser übergossen, ergeben im Sommer ein erfrischendes Getränk. Sie können sie vor allem aber in Salaten oder als Dekoration bei Gemüsegerichten verwenden.

Literatur

Hanna Dengler und Anna Rohlfs-von Wittich:
Gemüse, Kräuter, Obst: vielfältig und naturgemäß kochen in 1000 Rezepten.
Verlag Freies Geistesleben

Vasant Lad:
Selbstheilung mit Ayurveda
O. W. Barth bei Scherz Verlag

Vasant Lad, David Frawley:
Die Ayurweda Pflanzen-Heilkunde
Windpferd Verlag

Amadea Morningstar:
Gesund mit der Ayurweda-Heilküche
Windpferd Verlag

Christa Muths:
Die 5 Elemente – Das Geheimnis ihrer Wirkung auf Mensch und Natur
Simon und Leutner Verlag

Subhash Ranade:
Ayurveda, Wesen und Methodik
Haug Verlag

Frank Ros:
Geheimnisse ayurwedischer Akupunktur
Windpferd Verlag

Kerstin Rosenberg:
Das große Ayurveda-Buch
Gräfe und Unzer Verlag

Petra und Joachim Skibbe:
Ayurveda – Die Kunst des Kochens.
pala-verlag

Petra und Joachim Skibbe:
Backen nach Ayurveda. Kuchen, Torten & Gebäck
pala-verlag

Petra und Joachim Skibbe:
Backen nach Ayurveda – Brot, Brötchen und Pikantes
pala-verlag

Petra Skibbe:
Ayurveda-Handbuch für Frauen
pala-verlag

Petra Skibbe und Joachim Skibbe:
Ayurveda – Feiern und Genießen
pala-verlag

Maya Tiwari:
Das große Ayurveda Handbuch
Windpferd Verlag

Vinod Verma:
Gesund und vital durch Ayurveda
Scherz Verlag, Taschenbuchausgabe im Wilhelm Heyne Verlag

Adressen

Ayur-Veda Marktplatz
Schulstraße. 38
21224 Rosengarten/Nenndorf
Tel. 0 41 08 / 59 06 66
www.amla.de

Ayurveda-Portal
Natascha Höhn & Johanna Kriefall
Tel. 0 61 28 / 85 91 84
www.ayurveda-portal.de

Verband Europäischer Ayurveda Therapeuten (VEAT)
Geschäftsstelle Deutschland:
An der Falkenwiese 9
85128 Nassenfels
Tel. 0 84 24 / 88 57 58
E-Mail: VDAT@ayurveda-forum.de

Verband Europäischer Ayurveda Therapeuten (VEAT)
Hauptsitz und Geschäftsstelle für Schweiz und Österreich:
Hofstrasse 53
8032 Zürich
Tel. 01 / 2 60 70 72 (Schweiz)
Fax 01 / 2 60 70 71 (Schweiz)
E-Mail: VEAT@ayurveda-forum.de

Ayurveda Journal
Ayus Publications
Fliederweg 12
21255 Kakenstorf
Tel. 0 41 82 / 28 73 47
E-Mail: info@ayus.de

Versand

Govinda-Versand
Doris Maiwald
Waldstr. 18
55767 Abentheuer
Tel. 0 67 82 / 98 90 01
www.govinda-versand.de

Vedischer Gewürzversand
Surabhi Natural Products
Spitzäcker 2
74931 Lobbach
Tel. 0 62 26/78 67 25

Der Ayurveda-Shop
Helga Thum
Forsthausstraße 6
63633 Birstein-Obersotzbach
Tel. 0 60 54 / 91 31 0
www.mahindra-institut.de

Sat Nam Versand
Dieselstr. 42
63071 Offenbach
Tel: 069/434419
www.satnam.de

Indu-Versand
Turmstraße 7
35085 Ebsdorfergrund
Tel: 0 64 24/39 88
www.indu-versand.de

Schweiz:
Govinda Versanddienst
Preyergasse 16
8001 Zürich
Tel. 01 / 2 51 88 59

Österreich:
Govinda Kulturtreff
Lindengasse 2a
1070 Wien
Tel. 0222/5222817

Die Autorin

Martina Kobs-Metzger, geb. 1964, arbeitet seit 1997 als Ayurveda-Ernährungs- und Gesundheitsberaterin und ist Mitglied im Verband deutscher Ayurveda-Therapeuten (VDAT). Ihre Ausbildung absolvierte sie am Mahindra-Institut in Birstein.
Sie gibt Kochkurse und Seminare, in Einzelgesprächen berät sie Menschen zum Thema gesunde Ernährung und Lebensweise. Darüber hinaus bietet sie Fortbildungen für Profiköche an.

Weitere Informationen über die Autorin gibt es im Internet unter:
www.vital-centrum.com.

Rezeptindex

Adzukibohnen 116
Amaranth-Quinoa-Getreide
 mit Parmesan 84
Ananas in Bananen-Joghurt-Sauce 132
Apfel- Sellerie-Suppe 39
Apfel-Karotten-Chutney 56
Apfel-Karotten-Suppe mit Salbei 44
Apfel-Zwiebel-Chutney 58
Aprikosenpudding 121
Aprikosensauce 133
Aprikosen-Tamarinden-Chutney 51
Avocadotraum mit Aprikosensauce 133

Basilikumpanir mit Pilzsalat 64
Birnen-Petersilien-Chutney 49
Birnen-Rettich-Kohlrabi-Rohkost 71
Blattsalat mit Limonensauce 70
Blattsalat mit Walnüssen 67
Bohnengemüse mit Kokos 108
Brokkoli mit Tomate und Schafskäse 99
Brokkolicremesuppe 41

Carob-Tofu-Mus 134
Chapati 137
Chicoréesalat mit Mandelstiften 65
Chicorée-Tomaten-Gemüse 91
Chilidip, feuriger 59

Dinkel-Gemüsepizza 82

Einfacher Reis 76

Feines Grünkohlgemüse 92
Fenchel-Karotten-Gemüse
 mit Zitronenmelisse 97
Fenchel-Kartoffel-Auflauf 100
Fenchelsamen, geröstet 31
Feuriger Chilidip 59

Früchte, gegrillt 128
Fruchthalva 126

Gegrillte Früchte
 mit Aprikosensauce und Sahne 128
Gekochte Maiskolben 98
Gemüsereis mit Tofu 74
Geröstete Fenchelsamen 31
Gewürzfotni 30
Gewürzreis mit Rosinen 75
Ghee 29
Grieß-Mango-Pudding 123
Grundrezept Ghee 29
Grundrezept Panir 32
Grundrezept Tomatensauce 34
Grundrezept Gewürzfotni 30
Grüne Joghurtsauce 60
Grünkohl mit Orangenstreifen 90
Grünkohlgemüse 92
Gurken in Tomatensauce 105

Honig-Senf-Sauce 72
Hummus 111

Indisches Kartoffelraita 54
Ingwer-Tamarinden-Sauce 130

Jamie's Tofu-Carob-Mus 134
Joghurt, indischer (Raita) 55
Joghurtdessert 127
Joghurt-Minze-Chutney 62
Joghurtsauce, grüne 60

Karotten-Apfel-Chutney 56
Karotten-Apfel-Suppe mit Salbei 44
Karottenbutter 141
Karotten-Fenchel-Gemüse
 mit Zitronenmelisse 97

Kartoffel-Fenchel-Auflauf 100
Kartoffelraita, indisches 54
Kartoffel-Sellerie-Paprika-Gemüse 95
Kartoffel-Spargel-Cremesuppe 42
Khichari für alle Typen 81
Khichari für Kapha 80
Khichari für Pitta 79
Khichari für Vata 78
Kichererbsencurry 118
Kohlrabi-Rettich-Birnen-Rohkost 71
Kohlrabi-Rote-Bete- Lauch-Gemüse ... 106
Kohlrabi-Rote-Bete-Kohlrabi-Gemüse . 106
Kokos-Bohnengemüse 108
Kokoschutney 61
Kokosflocken-Petersilien-Chutney 57
Kopfsalat mit
   Estragon-Schnittlauch-Sauce 66
Kürbisgemüse 87
Kürbisgemüse 103
Kürbis-Pastinaken-Suppe 40
Kürbissuppe 38

Linsen, rote 112

Maiskolben, gekocht 98
Mango mit Sanddorncreme 129
Mangochutney 50
Mango-Grieß-Pudding 123
Mangold-Tomaten-Gemüse mit Panir . 101
Minze-Joghurt-Chutney 62
Mung Dal 115
Mungbohnen 113

Obstsalat mit
   Ingwer-Tamarinden-Sauce 130
Orangen in Sanddornsirup 124

Pak Choi mit getrockneten Tomaten 96
Panir mit Basilikum 33
Panir 32

Papadam 136
Paprika-Kartoffel-Sellerie-Gemüse 95
Paprika-Tamarinden-Chutney 52
Paprika-Tomaten-Chutney mit Minze ... 46
Paprika-Tomaten-Sprossen-Gemüse ... 102
Pastinaken-Kürbis-Suppe 40
Pastinakenpüree mit Rosmarin 94
Pastinakensuppe 43
Petersilien-Birnen-Chutney 49
Petersilienchutney 48
Petersilien-Kokosflocken-Chutney 57
Pikanter Tur Dal 114
Pilzsalat mit Basilikumpanir 64

Quinoa-Amaranth-Getreide
   mit Parmesan 84

Raita (Indischer Joghurt) 55
Reis mit Mischgemüse 77
Reis, einfach 76
Reismehl-Vanille-Pudding 122
Rettichchutney 53
Rettich-Kohlrabi-Birnen-Rohkost 71
Rote Linsen 112
Rote-Bete-Kohlrabi-Lauch-Gemüse 106
Rucolabutter 140
Rucolapesto 139

Salat mit Ahornsirupsauce 68
Salat mit Ysopsauce 69
Sauerkraut 89
Schnelles Joghurtdessert 127
Sellerie-Apfel-Suppe
   mit Meerrettichsahne 39
Sellerie-Kartoffel-Paprika-Gemüse 95
Senf-Honig-Sauce 72
Sojabohnenpüree 110
Spargel-Kartoffel-Cremesuppe 42
Spitzkohlgemüse 104
Sprossen-Paprika-Tomaten-Gemüse ... 102

Rezeptindex

Steckrüben in Joghurtsauce 93
Süßkartoffelpüree mit Muskatnuss 88

Tahinibällchen 125
Tamarinden-Aprikosen-Chutney 51
Tamarinden-Ingwer-Sauce 130
Tamarinden-Paprika-Chutney 52
Tofu-Carob-Mus 134
Tomate mit Brokkoli und Schafskäse 99
Tomaten-Chicorée-Gemüse 91
Tomaten-Mangold-Gemüse mit Panir . 101
Tomaten-Paprika-Chutney mit Minze ... 46
Tomaten-Paprika-Sprossen-Gemüse ... 102
Tomatenpaste 138
Tomatensahne 138
Tomatensauce 34

Tomaten-Zucchini-Gemüse provençale 107
Topinamburpüree 86
Tur Dal, pikant 114

Urid Dal 117

Vanille-Reismehl-Pudding 122

Weizenfladenbrot 137

Zucchini-Tomaten-Gemüse provençale 107
Zwetschgenkompott
  mit Zimt und Mandeln 120
Zwetschgenkompott 131
Zwiebel-Apfel-Chutney 58
Zwiebelchutney 47

Ayurveda im pala-verlag

Petra Skibbe und Joachim Skibbe:
Ayurveda – Die Kunst des Kochens
ISBN: 3-89566-139-2

Petra Skibbe:
Ayurveda-Handbuch für Frauen
ISBN: 3-89566-176-7

Petra Skibbe und Joachim Skibbe:
**Backen nach Ayurveda –
Brot, Brötchen und Pikantes**
ISBN: 3-89566-166-X

Petra Skibbe und Joachim Skibbe:
**Backen nach Ayurveda –
Kuchen, Torten und Gebäck**
ISBN: 3-89566-178-3

Vegetarisches aus aller Welt

Petra Skibbe und Joachim Skibbe:
Ayurveda – Feiern und Genießen
ISBN: 3-89566-187-2

Koch / Teitge-Blaha:
Vegetarisch kochen – thailändisch
ISBN: 3-89566-202-X

Gertrud Dimachki:
Vegetarisches aus 1001 Nacht
ISBN: 3-89566-169-4

Yashoda Aithal:
Vegetarisch kochen – indisch
ISBN: 3-89566-153-8

Gesamtverzeichnis bei:
pala-verlag, Rheinstraße 37, 64283 Darmstadt, www.pala-verlag.de
E-Mail: info@pala-verlag.de

© pala-verlag, Darmstadt 2004
ISBN: 3-89566-209-7
pala-verlag, Rheinstr. 37, 64283 Darmstadt
www.pala-verlag.de
Lektorat: Barbara Reis
Text- und Umschlagillustrationen: Tatiana Mints
Druck: freiburger graphische betriebe
www.fgb.de
Printed in Germany

Dieses Buch ist auf Papier aus 100 % Recyclingmaterial gedruckt.